D1704555

CATEL
DIE GESCHICHTE DER GOSCINNYS
GEBURT EINES GALLIERS

Mit einem Vorwort von Anne Goscinny

Aus dem Französischen von Uli Pröfrock

CARLSEN

Zeichnungen und Szenario: Catel Muller

Die Worte René Goscinnys wurden Gesprächen entnommen, die zwischen 1959 und 1977 geführt wurden.

Die von Anne Goscinny entstammen einem ständigen Dialog in der Zeit der Ausfertigung dieses Werks.

FSC MIX
Papier aus verantwortungsvollen Quellen
www.fsc.org FSC® C002795

CARLSEN COMICS NEWS
Jeden Monat neu per E-Mail
www.carlsencomics.de
www.carlsen.de

Carlsen-Bücher gibt es überall im Buchhandel und auf carlsen.de

© der deutschen Ausgabe Carlsen Verlag GmbH · Hamburg 2020
Aus dem Französischen von Uli Pröfrock
LE ROMAN DES GOSCINNY
© Catel et des Éditions Grasset & Fasquelle, 2019
All rights reserved
Redaktion: Klaus Schikowski
Handlettering: Olav Korth
Lettering: Minou Zaribaf
Herstellung: Karen Kollmetz
Alle deutschen Rechte vorbehalten
ISBN 978-3-551-76045-6
Druck und Bindung: Livonia Print, Riga
Printed in Latvia

Vorwort

– Wie wäre es, wenn du meinem Vater einen grafischen Roman widmen würdest? schlug ich Catel, nachdem ich ihr meine Bewunderung für ihre Frauenporträts versichert hatte, an jenem Abend vor, als wir uns kennenlernten.

– Unmöglich. Mich interessieren ausschließlich Heldinnen. Dein Vater ist aber ein Held!

– Schon, schon, ja.

Man beachte die ungemeine Schlagfertigkeit meiner Antwort.

So fing alles an. Mein Vater würde also nicht in den Pantheon der von Catel in den Blickpunkt gestellten Personen einziehen.

Dabei war er doch genial und tot, zwei Vorbedingungen, die aber nicht ausreichen, um sie zu überzeugen.

An jenem Abend schlief ich traurig ein, traurig ob dieser ebenso kategorischen wie unwiderlegbar begründeten Weigerung.

Ich hatte dem kein gewichtiges Argument entgegenzusetzen. Mein Vater war ein Mann.

Und dann, eines Tages, rief Catel mich an.

– Wir sollten uns treffen.

Im Café de la Paix haben wir uns lange unterhalten. Ich versuchte nicht mehr, sie zu überreden, doch knüpften sich da, ohne dass wir es merkten, die ersten zarten Bande einer engen, verlässlichen Freundschaft.

– Du musst mir von ihm erzählen, sagte Catel.

– Hast du Zeit?, antwortete ich.

– Eine Ewigkeit.

Wie leichtsinnig!, dachte ich mir da …

Und ich sprach von meinem Vater, in umgekehrter Abfolge. Als Erstes von dem Kummer, ihn entbehren zu müssen. Von seiner letzten Reise nach Jerusalem, vom Lächeln meiner Mutter. Danach von der Freude, seine Tochter zu sein, vom Glück, seine Augen geerbt zu haben, und schließlich von der flüchtigen, aber wirklichen Erinnerung an meine Kinderhand in der seinen, als wir aufbrachen, die Welt zu erkunden. Das Leben lag vor uns.

Wiederum von hinten beginnend erzählte ich Catel vom Geräusch der Schreibmaschine meines Vaters, vom eigenartigen Akzent meiner Großmutter, vom Argentinien meiner Kindheit und dem meines Vaters.

Unter Catels Blick wurde mein Vater lebendig.

Mit neun Jahren musste ich nicht nur ihn selbst betrauern, sondern auch seine Erinnerungen, seine Kindheit, seine Familiengeschichte, diese Sprache, Jiddisch.

Ohne ihn musste ich das von unserer Familie durchlittene Drama begreifen und für ihn das Gedenken an seine 1942 während der Deportation umgekommenen Onkel und Cousins in Ehren halten.

Sie sah mir zu, hörte mir zu, und der Raum um uns herum teilte sich auf in Bildfelder, meine Worte prallten an die Begrenzungen der Sprechblasen, in die Catel sie bereits einpasste.

– Jetzt hab ich's!, rief sie. Du wirst die Worte deines Vaters weitergeben. Ich wollte eine Heldin, ich habe eine gefunden.

Manch verliebtes Treffen lässt dich entflammt und entschlossen zurück, zu allem bereit, um dein Begehren zu befriedigen, das seine, das gemeinsame.

Nach diesem Treffen war ich überwältigt. Mein Vater würde eine Figur werden und vierzig Jahre nach seinem Tod würden wir uns die Seiten teilen, denn dieses Buch wird uns vereinen, ihn und mich.

Die Niederschriften aller seiner für Fernsehen und Radio gegebenen Interviews würden Catel Zugang nicht nur zum Gesagten verschaffen, sondern auch dazu, wie es gesagt wurde.

Von meinem Vater zu erzählen mittels der Kunst, der er sein Leben gewidmet hatte, ihm die Sprechblase aufzuzwingen, die seine Worte enthalten sollte, ihn ins Bild zu setzen, sozusagen, war ein gewagtes Unterfangen.

Ich hatte geglaubt, ihn nie mehr sprechen, erzählen, lachen hören zu können …

Das hatte geheißen, Catels Talent zu unterschätzen.

Gemeinsam verbrachten wir Tage, Wochen, Monate damit, über ihn zu sprechen.

Ich rief die Erinnerung an den Vater wach, sie befragte mich zu René Goscinny, ein Unterschied, den ich im Laufe einer sehr langen Reise zu machen lernte.

Hieraus entstand diese Freundschaft.

Vor der Freundschaft allerdings stand die Kraft der Verführung. Wie sollte man Catel widerstehen, ihrem Lächeln, ihren blauen Augen?

Zwar haben wir viel gelacht, doch sind mir auch einige Tränen gekommen, die ich, selbst im Dezember, unter dem Vorwand lästigen Pollenflugs zu tarnen suchte.

Wie alle Kinder, die ihre Eltern sehr früh verloren haben, frage ich mich häufig, ob mein Vater von dort, wo er nun ist, ein auf Wolken schwebender geflügelter Engel, liest, was ich lese, sieht, was ich ansehe, bewundert, was mich anrührt.

Gelegentlich versehe ich Texte, Filme, Schauspiele mit einem Filter, in dem er steckt, ganz und gar.

Alsdann, beglückt von solch eingebildeter und doch erlebter Verbundenheit, beginne ich ein weiteres Buch.

Zum Beispiel dieses hier, und ich werde die Seiten dieser gezeichneten Biografie gemeinsam mit ihm umblättern, so viel weiß ich.

Zwar habe ich alles von meinem Vater, doch ihn selbst bisher noch nie gelesen. Zum ersten Mal wird der Autor hinter die Figur zurücktreten, zu der er geworden ist.

Catels Arbeit verdanke ich, dass es mir gelang, meinen Vater und René Goscinny miteinander zu versöhnen, eine Feststellung, die meinen verständigen Psychiater erfreuen wird, der mir dabei behilflich ist, den vertrauten Menschen hinter dem Autor wiederzufinden.

Unter Catels elegantem und wahrhaftigem Pinselstrich habe ich ihn plaudern sehen, spielen, lächeln, zeichnen, schreiben, hoffen. Dies hier ist seine Stimme. Und auch sein Lachen.

Wem war es je vergönnt, solchermaßen die Geburt des eigenen Vaters zu erleben?

Anne Goscinny

PROLOG

Es war ein Montag.	Ein herrlicher Tag.
17. Arrondissement von Paris.	Es war beinahe 18 Uhr.

Seit Jahren dachte ich an diesen Augenblick ...
Anna Beresniak.
LE COEUR c'est la vie
SANTÉ
VIE
ELLE

Einen Monat zuvor hatte ich einen Termin vereinbart.

Nehmen Sie Platz.

Meine Großmutter mütterlicherseits hatte mir den Namen des Kardiologen genannt.

Was kann ich für Sie tun, Mademoiselle?

Neun Jahre danach brauchte ich ein Gesicht zu dem Drama.

Also hatte ich die Klinik am Parc Monceau angerufen.

Panel 1:
Zu meiner großen Überraschung war der Kerl da immer noch.

Bitte, ich höre.

Panel 2:
Ich hatte den Namen der Mutter meines Vaters verwendet...

Haben Sie das Fahrrad gewechselt, seit Sie meinen Vater getötet haben?

Panel 3:
... als sei sie es, Anna, die hier in Erscheinung trat.

Ah, Sie sind das!

Sie sind die Tochter von René Goscinny. Ich habe Sie erwartet.

Panel 4:
Es war der 19. Mai 1986, mein 18. Geburtstag.

Ich habe eine Waffe in der Tasche, und ich knall Sie ab!

— Sie haben meinen Vater getötet.
Meine Mutter stirbt gerade daran!

— Und Sie haben meine Kindheit massakriert.

— Es gibt keinerlei Grund, warum Sie davonkommen sollten.

EINE BEWEGUNG, UND ICH TÖTE SIE SOFORT!

— Diese Stelle in deinem Buch, wo du den Kardiologen bedrohst, das ist kaum zu glauben!

— Ist aber vollkommen wahr, alles hat sich genauso abgespielt, so eine Szenen hätte ich mir niemals ausdenken können!

— In »Der Klang der Schlüssel«, diesem posthumen Brief an meinen Vater, gibt es keinen Plot, nur einfach einen Toten zu Beginn.

— Mit neun seinen Papa zu verlieren, ob man darüber je hinwegkommen kann …

— Das Schreiben ist mir Notwendigkeit; und jeden Tag das Andenken meines Vaters zu ehren ist maßgeblich für mein Leben.

— Deshalb versuche ich, dich umzustimmen, Catel: Du musst unbedingt eine grafische Erzählung über ihn machen.

— Ich bin mir der Bedeutung deines Vaters für die Geschichte des Comic bewusst, Anne.

— Er ist der geniale Szenarist einer Menge lustiger, unvergesslicher Figuren.

— Seine Helden waren die meiner Kindheit ... Ich bin mit Asterix, Lucky Luke, Isnogud groß geworden, und auch mit dem kleinen Nick.

— René Goscinny ist so etwas wie mein geistiger Ziehvater ...

Wahrscheinlich mache ich seinetwegen heute Comics!

— Warum ihn also nicht zu einer Comicfigur machen?

— Du bekommst Zugang zu meinen sämtlichen Archiven!

— AH!

— Ein fesselndes Thema, ja, das es auch ermöglichen würde, die Entwicklung des europäischen Comic im 20. Jahrhundert zu erzählen.

— Aber ich beleuchte in meiner Arbeit seit Jahren doch eher... Frauen.

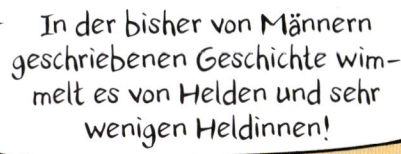

— Ah...

— In der bisher von Männern geschriebenen Geschichte wimmelt es von Helden und sehr wenigen Heldinnen!

— Ich denke da an Claire Bretécher, die erste sehr populäre Comiczeichnerin, die mich so zum Lachen gebracht hat, als ich jung war!

— Mein Vater hat ihr den Zugang zur Comicwelt ermöglicht! Er hat ihr sogar die ersten Szenarios geschrieben.

— Richtig! »Rhesusfaktor«, 1963. Sehr witzig!

Nun?
Tja ... nein, tut mir leid. Ich habe jetzt auch keine Zeit, ich sitze noch an einer Biografie von Josefine Baker.
Du bist zu unserem Treffen hier gekommen, obwohl du meinen Vorschlag gar nicht ins Auge fassen wolltest?
Ich muss gestehen, eigentlich bin ich als Leserin zu dir gekommen; DEINE Leserin ... seit deinem ersten Roman.
Ach?
Deine Geschichten sind düster, aber seltsam strahlend ...
Herrlich.
Ob du mir wohl den »Klang der Schlüssel« signieren würdest, bitte?
Das Buch hat mich zutiefst bewegt.
Mama ging an diesem Tag allein nach Hause. Nur ein Schlüsselbund auf das kleine Möbel im Flur hingeworfen. Du warst tot, Papa. Tot. So. »- Wie lange tot, Mama?«
Der Klang der Schlüssel. Ein harmloser Klang, der der Hinrichtung meiner Kindheit ...
GOSCINNY

RENÉ

1
DIE KINDHEIT

Es begab sich am 14. August 1926, dass mein Bruder nicht mehr länger einziger Sohn war, was er mir auch nie verziehen hat.

Wie süß er ist!

Schau doch, Claude! Du hast einen kleinen Bruder!

Ich wurde im 5. Arrondissement von Paris geboren, unweit des Pantheons.

Er heißt René.

Der sieht doof aus!

»Seinen großen Männern, das dankbare Vaterland«, selten wird einem das schon bei der Geburt gesagt.

Er lächelt uns an!

So ein Schatz!

DAS DANKBARE VATERLAND

Mit meinem lustigen Gesichtchen hatte ich keine Mühe, mir die Sympathien der Leute zu erwerben.

Ist der niedlich!

Ein reizendes Baby!

Der sieht doof aus!

Ich war noch keine zwei Jahre alt, als ich zum ersten Mal eine lange Überfahrt mit einem Dampfer machte.

Mein Vater war Ingenieur, er arbeitete in Argentinien.

Wir fahren zu Papa!

Die Auslandsreise war ein Abschied, ein wahrhaftiges Exil.

Er hat eine schöne Wohnung für uns in Buenos Aires.

Flüge gab es nicht, die Schiffsreise dauerte über einen Monat. Wir machen Halt in New York. WAFF!	Ich war noch kein richtiger Passagier, eher eine Art Gepäckstück. Wir werden meinen Bruder sehen, Onkel Boris. WAFF! WÄH! Doofkopp!
Man durfte mich auf dem Kai nicht bei den anderen Kisten und Kästen vergessen. Papa wird dich nach all der Zeit nicht wiedererkennen, René!	Aber immerhin war ich ein Vorzugspaket, dem das Killekille des Kapitäns zukam. Hi! Hi!

Im Übrigen ist das die einzige Erinnerung an die Überfahrt auf der Groix von der Compagnie des Chargeurs Réunis, die mir geblieben ist: das Killekille und der schöne weiße Bart des Kapitäns.

Kille-kille!

HA! HA! HA!

Die Ankunft in Argentinien war ganz wunderbar!

Papa erwartet uns auf dem Kai!

> Es gab dort Girlanden und ein Feuerwerk ...

ANNA!

SIMKHA!

> ... und auch eine große Militärparade ...

Ist das für uns?

Aber ja, für uns, mein kleiner René! Die Leute hier wissen zu empfangen!

Viel später habe ich erfahren, dass es der argentinische Nationalfeiertag war. „Nur für uns!" „Doofkopp!"	Argentinien war zu dieser Zeit ein friedliches, blühendes Land. „Nach Retiro, por favor!"
Wir gehörten zur bürgerlichen Mittelschicht der französischen Gemeinde. „Das sieht aus wie in Paris, Stanislas!"	Buenos Aires war die europäischste Stadt Südamerikas. „Wenigstens fühlst du dich nicht so fremd, Anna!"

Schon ganz klein liebte ich es, die anderen zu unterhalten.

Hi! Hi! Hi!

Bringst du sie zum Lachen, René?!

War das nur eine Art Theater, um meine Schüchternheit zu übertünchen?

Weißt du, Papa hat gesagt, ich soll großherzig und nett sein. Deshalb wünsche ich mir zu Weihnachten nichts für mich.

Ich musste unbedingt bemerkt, bewundert, geliebt werden.

Ich wünsche mir vom Weihnachtsmann nur Geschenke für meine lieben Eltern ...

Oh, mein kleiner René, wie reizend!

Und ich hatte schnell eine Technik entwickelt, um geliebt zu werden ...

Ich wünsche mir ein kleines blaues Auto für euch, in dem ich sitzen kann und das fährt, ohne dass man treten muss. Ich hab's im Fenster des Ladens gegenüber von der Schule gesehen.

HA! HA!

Lass dich umarmen!

Ich hielt mich an mein erstes Kinderwort.

Was willst du denn später mal werden?

Etwas Lustiges.

Ich war hochzufrieden mit dem Gelächter, tat aber gleich völlig unbeteiligt.

HA! HA!

Hi! Hi!

Mein Vater war ein großmütiger Mann.

Recht hast du, mein Junge!

Hi! Hi!

Doofkopp!

Ich liebte das Spaßmachen, mein Problem war es aber, einen Weg zu einem Publikum zu finden.

Runter da, René!

Die Grundschule auf Spanisch war Pflicht, deshalb absolvierte ich parallel auch die französische Grundschule.

Buenos días, René, willkommen auf der Französischen Schule Buenos Aires. Ich bin Herr Crespin, der Direktor.

Der Gedanke, womöglich nicht gut genug zu sein, machte mir Angst.

Bravo, René! Weiter so, so gut du nur kannst.

Ja, Mama.

Ich war ein sehr guter Schüler, weil man mir das ans Herz gelegt hatte.

Glückwunsch, mein Junge!

COLLÈGE FRANÇAIS DE BUENOS AIRES
PAMPA 1900

Année 1936

Prix de Accessits

DÉCERNÉ À
M. René Goscinny
Classe de 7ᵉ

Ich dachte, ein Klassenerster würde weniger Ärger bekommen.

Nehmt euch ein Beispiel an eurem Kameraden René, der eine schöne Frankreichkarte gezeichnet hat.

Und jetzt zu einer Prüfung in Arithmetik.

Das war ein Irrtum, er bekommt genauso viel wie der Letzte ...

Sag mal, Witzbold, verstehst du die Aufgabe?

Ich geb dir zehn Murmeln für die Lösung.

Los!

Ich prügelte mich nie, aber ich war's, der verprügelt wurde ...

Das nächste Mal zeigst du mir das ein bisschen schneller!

Aber nicht sehr oft, weil ich nie lange dort blieb, wo es Ärger gab.

He, Betrüger, hast du mir meine Murmeln geklaut?!

Und ich war kein bisschen sportlich.

Spielst du mit Fußball, René?

Jedes Mal wenn ich versucht habe Sport zu machen, habe ich mir sehr wehgetan.

Na los, René!

Ich denke, für eine gesunde Jugend sollte man Sportstätten besser abschaffen.

BANG!

... und Pferde auch!
Galoppieren wir über die Pampa, René?
Dabei war die Reiterei mein größtes Vergnügen während der Ferien.
Hier komm ich wie Don Quijote auf seiner stolzen Rosinante!
HÜÜÜH, METHUSALEM!
Dieses Transportmittel fauler Könige ist recht ermüdend!
Dieses seltsame Tier erträgt mit Engelsgeduld Gertenhiebe, Stiefeltritte und jeden Wortschwall!
HA! HA! Willst du meins probieren?
Sehr gern!

HÜÜH!
Hiii!
Erbarmen!
Vom doppelten...
... in den gestreckten Galopp!
Heee!
Iiii!
BAMM!

Wie durch ein Wunder entging ich mit knapper Not einem Schädelbruch und dem Typhus.

Ha ha!

Der faule König erwacht!

HA! HA!

Pfützenwasser ist der beste Muntermacher!

Drei weitere Stürze kurierten mich von meiner reiterlichen Leidenschaft, ich bin niemals mehr auf ein Pferd gestiegen.

Sattel

Dreck

Hufe

Mein Hass auf diese Tiere wurde derart groß, dass ich nur noch Fahrrad gefahren bin...

Hiiiii!

Wieso ist das Pferd ein »edles« Tier?

... und lieber sogar noch Dreirad, auf dem man nicht so leicht das fragile Gleichgewicht verliert!

Hola, René!

Hola, Marie-edwig!

Mir war immer beinahe zwanghaft danach, Spaß zu machen, vermutlich wegen meiner krankhaften Schüchternheit.

Ich trainiere für die Tour de France!

Im Radfahren?

Im Radschlagen!

Da meine Kalauer niemand außer mir lustig fand, verlegte ich mich oft auf Mimik.

Ha! Ha!

In der Schule war ich ein richtiger Klassenclown...

Der Aufseher

Weil ich ein guter Schüler war, wurde ich nicht ausgeschlossen.

In die Ecke, Sie »Komiker«! Das gibt einen Eintrag und eine Strafarbeit!

Geschieht Ihnen recht.

Ich verbrachte meine Kindheit und Jugend in Buenos Aires auf der Französischen Schule, deren Adresse »Pampa, 1900« lautete.

Wir sind ein ganzer Haufen klasse Freunde!

Wenn ich gute Noten bekam, ging mein Vater zur Belohnung mit mir Buster Keaton ansehen.

DIE KREUZFAHRT DER NAVIGATOR

Und wenn ich nicht brav gewesen war, nahm er mich zum Ansporn auch wieder zu Buster Keaton mit.

BUSTER KEATON

DER KÖNIG DER CHAMPS-ELYSÉES
EL REY DE LOS CAMPOS ELISEOS

Ich glaube, wenn ich nicht gewollt hätte, hätte er mich mit Fußtritten hingetrieben.

UND SIE, MACHEN SIE, DASS SIE DAVONKOMMEN!

Was machst du für ein Gesicht, mein Junge?! Ich wette, du bist gefeuert worden!

Gibt es denn wirklich gar keinen Beruf, den du ordentlich machen kannst?

Er brauchte einen Vorwand, um lachen zu können – mich –, und für mich war Lachen mein täglich Brot.

ICH MÖCHTE SCHAUSPIELER SEIN!

TO BE OR NOT TO BE, das ist hier die Frage.

Weil ich den Spaßvogel gab, mochten meine Kameraden mich gern, ich stand im Ruf, der »Witzbold« zu sein.

Wer am längsten unter Wasser bleiben kann! Seid ihr bereit?

Ich mach den Wal!

Ich ein U-Boot!

Ich den Delfin!

Ich mach den Hai. Und du, René?

Den Ertrunkenen.

Die Zeit in Argentinien habe ich sehr genossen ...

Der Gaucho, die Pampa, das war Alltag ...

Exotisch war für mich Issy-les-Moulineaux.

DIE ARBEITEN IN ISSY-LES-MOULINEAUX

Und Frankreich war für mich, was auf der Karte rosa war.

Issy-les-Moulineaux?

Eine eigenartige Empfindung: In Argentinien war ich einerseits ein Fremder, gleichzeitig aber gänzlich zum Land gehörig.

Ich bin Patoruzú!*

*beliebte argentinische Comicserie der Zeit

Frankreich, das waren die Geschichtsbücher von Malet & Isaac, die Tour de France, das war Ludwig XIV., alles wurde außerordentlich idealisiert.

Der Staat bin ich.

Ich hatte Glück: Alle drei Jahre erhielt mein Vater einen Sonderurlaub.

Dann nahmen wir das Schiff für eine Überfahrt von über einem Monat.

Schon öfter hatte ich gehört, wir würden im nächsten Jahr nicht nach Jerusalem fahren, sondern nach Paris!

Es gab Zwischenstopps.

Ich erinnere mich, dass wir vor dem Krieg in Dakar Haltmachten.

Auf dem Kai begrüßten Beamte in Kolonialhelmen das Schiff mit großer Geste und lautem Geschrei.

Wir sind die Jungs von der Marine!

Sobald der Bootssteg herabgelassen war, drängten sie sich hastig an Bord.

HOCH DER KAPITÄN!

Sie bevölkerten sofort die Bar und tranken jede Menge Absinth. „Auf dem Boden der Kolonie ist das verboten."	Wonach die meisten von ihnen einfach irgendwo einschliefen.
Das Bordpersonal brachte die Beamten an Land, bevor wir ablegten.	An Land warteten Eingeborene darauf, dass wir, die Passagiere, Münzen ins Meer warfen.

Eine Dame hatte es uns vorgemacht, indem sie ihnen eine Handvoll zuwarf.

Sofort sprangen sie und tauchten mit der Münze zwischen ihren weißen Zähnen wieder auf.

Ein Junge fand es lustig, Kronkorken ins Meer zu werfen ...

Der Bengel lachte die enttäuschten, ja zornigen Taucher aus.

HA! HA!

Die Schiffsoffiziere mit ihren goldenen Tressen faszinierten mich.

Das ist böse!

Ich träumte davon, einer dieser blau uniformierten Übermenschen zu werden.

Momente, die ein Kind einfach nicht vergessen kann.

Ich dachte an nichts anderes: die Rückkehr nach Frankreich.

Auch wenn nach der Ankunft das Ideal sich an der Wirklichkeit messen musste, was nicht immer leicht war.

Hier sind wir in Le Havre, Kinder!

Und das ist Frankreich?

Doofkopp!

ANNE

2
DIE HERKUNFT

Stanislas Goscinny
1887–1943

Anna Beresniak-Goscinny
1889–1974

Im Polnischen bedeutet goscinny »gastfreundlich«.

In Wirklichkeit begann die Geschichte meiner Familie nicht in Südamerika und auch nicht in Frankreich, sondern in Osteuropa.

Die Goscinnys kamen aus Polen, und ich glaube, mein Urgroßvater, Abraham Goscinny, war Rabbiner in Warschau.

Ach was!

1906 drängte der vorherrschende Antisemitismus zwei seiner vier Kinder, nach Frankreich auszuwandern, einer davon mein Großvater Stanislas, der Simkha gerufen wurde.

In Paris begann er eine Laufbahn als Chemieingenieur.

1919 begegnete er im Rahmen der jüdischen Gemeinschaft Anna Beresniak, in Paris seit 1905. Sie ist 30 Jahre alt und kommt aus Chodorkiw, unweit von Kiew.

Wie zahlreiche Familien ukrainischer Juden flohen die Beresniaks 1905 aus dem Russischen Reich, um den Verfolgungen zu entgehen.
Meine Großmutter erzählte mir, dass die zaristischen Soldaten zu Pferd in die Häuser eindrangen und sie niederbrannten.

Anna

Abraham Lazarus Beresniak, verheiratet mit Feyge Garbel, ließ sich mit ihren neun Kindern in Paris nieder. Es lag ihnen am Herzen, sich in ihrem Gastland perfekt zu integrieren.

»In Frankreich ist nur die Hälfte der Bevölkerung antisemitisch«, hielt die Familie nicht ohne Humor fest!

Mein Urgroßvater mütterlicherseits gründete 1912 die Druckerei Beresniak in der Rue Lagrange 12 im 5. Arrondissement.

Er spezialisierte sich auf den Buchdruck in verschiedenen Sprachen dank der Erstellung eines bedeutenden, vielfältigen Bestands an Bleisatztypen.

Er verlegte und druckte die wesentlichen Zeitungen in jiddischer und russischer Sprache in Paris.

In den Dreißigerjahren, als der Patriarch Léon seinen ältesten Sohn an die Spitze des Unternehmens gestellt hatte, beschäftigte die Druckerei Beresniak um die hundert Personen unterschiedlicher Nationalitäten und erlangte aufgrund der Qualität ihrer Produkte eine richtiggehende Bekanntheit.

Hoch qualifizierte Typografen arbeiteten an den sowohl jiddischen wie auch hebräischen, russischen oder polnischen Texten.

Die Beresniaks waren wohl praktizierende Juden?

Eigentlich nicht, sie waren eher laizistisch.

Sie sprachen jiddisch und erzogen ihre Kinder im Respekt vor den Traditionen.
Meine Großmutter väterlicherseits sollte von dieser Kultur geprägt werden, aber mein Großvater wurde dank Léon, Annas Bruder, in die Freimaurerei eingeführt.
Stanislas trat der Großloge Frankreichs, der Thebah-Loge, bei.
Um auf Annas und Stanislas' Begegnung zurückzukommen: Dies war eine wirkliche Liebesheirat und keine Vernunftehe, eher selten in jener Zeit.
Sie heirateten 1919, und das Paar ließ sich im 5. Arrondissement nieder, Rue Berthollet.

1920 kommt CLAUDE zur Welt, ihr erster Sohn.

1926, nach ihrem Umzug in die Rue du Fer-à-Moulin 42, und vierzehn Tage nach Erlangung der französischen Staatsbürgerschaft, kommt RENÉ zur Welt, ihr zweiter Sohn.

René ist so dunkel und pummelig wie sein Bruder blond und schlaksig!

Man erkennt ihn schon gut an seinen Grübchen!

In den Zwanzigerjahren rivalisiert europäisches und amerikanisches Geld miteinander um Investitionen in Südamerika.

Es werden qualifizierte Männer für vielversprechende, profitable Karrieren gesucht.

Mein Großvater war vollkommen atypisch: Als Ingenieur war er von 1910 bis 1913 nach Mexiko, dann bis 1919 nach Tunesien entsandt worden.

1921 nimmt er Frau und Sohn mit nach Nicaragua, wo er für eine Bananenpflanzung arbeitete.

Er fürchtet, dort ermordet zu werden, kehrt zurück nach Frankreich und macht Station in einem Labor der Curies.

Dann entscheidet er sich für die Industrie und lässt sich in Buenos Aires nieder, wohin ihm seine Frau und seine beiden Söhne 1928 nachfolgen.

Seit dem Ende des 19. Jahrhunderts hat Argentinien sich russischen Flüchtlingen geöffnet, Opfern der Pogrome.

Sie können dort Land erwerben, ein Privileg, das den Juden in Osteuropa stets verweigert worden war.

1914 ist jeder zweite Einwohner der Hauptstadt Ausländer.

Buenos Aires hat die Anmutung einer europäischen Stadt.

Es herrscht allgemeiner Enthusiasmus, eine bunt gemischte Schar aus aller Herren Länder lebt hier einträchtig miteinander.

Mein Großvater wird in die JCA aufgenommen – die Jewish Colonization Association, 1891 von Baron de Hirsch gegründet.

Die Organisation, die Juden in Argentinien unterstützte?

Ja, genau. Stanislas war dort sehr aktiv.

Er hatte eine Stellung als Chemieingenieur in Buenos Aires, war gleichzeitig aber auch mit der Einrichtung jüdischer Kolonien und Gemeinschaften in Lateinamerika befasst.

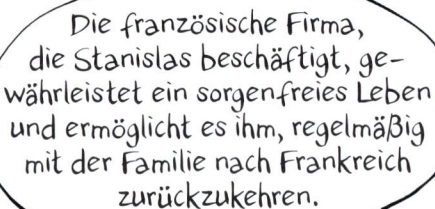

"Die französische Firma, die Stanislas beschäftigt, gewährleistet ein sorgenfreies Leben und ermöglicht es ihm, regelmäßig mit der Familie nach Frankreich zurückzukehren."

"Die Überfahrten dauerten mehrere Wochen, mit häufigen Stopps in Vigo, Lissabon, Casablanca, Recife, Bahia, Rio, Santos ..."

"Die Familie Goscinny reist auf gemischten Schiffen, sowohl mit Fracht als auch mit Passagieren. In einem kleinen, auf 1938 datierten Album hat Großmutter die Fotos beschriftet ..."

"Man kann die Reise der Familie über manche Punkte auf dem Globus verfolgen."

Jamaika

Portugal

Marokko

Brasilien

1938 gehen die Goscinnys, nach einem Aufenthalt in Casablanca, in Le Havre von Bord ...
Nun erkundet mein Vater Frankreich ... mit der Familie!
Er lernt die Provinz kennen, die Vororte ...

Mit seinen zwölf Jahren beeindrucken ihn das Schloss von Versailles und die Pariser Monumente.

Als begeisterter Filmfreund von klein auf entdeckt mein Vater, zusammen mit seinem, die riesigen dunklen Kinosäle der großen Pariser Boulevards ...

Seine bevorzugten Filme sind die Western ...

... und die poetischen Burlesken des Charlie Chaplin.

Vor allem aber wird die Entdeckung des Duos Laurel und Hardy für ihn zu einer Offenbarung.

Dieses Komikerduo ist nachgerade die Verkörperung der Freundschaft und Vertrautheit zweier Figuren.

Stan Laurel und Oliver Hardy könnten gegensätzlicher nicht sein, sowohl körperlich als auch psychologisch ...

Mit seiner Leibesfülle und Autorität scheint Hardy das Heft in der Hand zu haben.

Doch wird er zum Opfer der ständigen Ungeschicklichkeiten seines Partners, des mickrigen, naiven Laurel.

Das Gespann, eine Berühmtheit bereits zu Stummfilmzeiten, bewältigt glänzend den Übergang zum Tonfilm.

> Glauben Sie an den Weihnachtsmann?

> Hi! Hi!

Ihre Verbindung von Wortwitz und pantomimischer Kunst bescheren Laurel und Hardy weltweit Erfolg.

— Ja, sie sind das berühmteste Duo in der gesamten Geschichte des Films geblieben.

— Eine 25-jährige Karriere mit über 100 Filmen!

— Stanley, warum sagst du nicht, dass du mir wieder eine schöne Suppe eingebrockt hast?

— Du hast mich ja nicht danach gefragt, Ollie!

— Sie faszinierten meinen Vater, er sprach oft davon …

Meine Vordenker sind eher Laurel und Hardy als Kant und Spinoza!

"Auch unsere Generation wurde von Laurel und Hardy geprägt, dank der Sendung von Pierre Tchernia."

CINÉ-PARADE

In dieser Rubrik werden wir uns bemühen, uns einige der von uns hochgeschätzten Komiker wieder ins Gedächtnis zu rufen ...

Heute: Laurel und Hardy!

"Erinnerst du dich an das tolle Gesangsintro?"

"Jaaa! Auf Französisch mit bretthartem englischen Akzent!"

"Ich glaube, das stammte aus den Zeichentrickfilmen der Serie."

Ich bin Stan und du bist Ollie...

Ich bin klein und du bist mollig!

Der eine lacht, der andere weint...

a Laurel & Hardy Cartoon

Immer zusammen, stets vereint

Ich bin Ollie, du bist Stan

Freunde, die zusammenstehn!

HA! HA! HA!

WAFF!

Ich war damals noch klein ... Ich habe nicht viel Fernsehen geschaut, aber ich erinnere mich an die Disney gewidmeten Sendungen von Tchernia, die in der Weihnachtszeit kamen ...
Pierre Tchernia war ein enger Freund deines Papas?
Ja! Sie arbeiteten gemeinsam an Drehbüchern für Film und Zeichentrick ...
Der Trickfilm ist übrigens die zweite wichtige Offenbarung für meinen Vater im Jahr 1938 ...
REX
REX
WALT DISNEY
REX
BLANCHE NEIGE et les 7 NAINS
BLANCHE NEIGE et les 7 NAINS

> Er sieht eine Vorführung von »Schneewittchen und die sieben Zwerge« und ist regelrecht verzaubert von Walt Disneys Werk.

Das ist die schönste Zeit in der Kindheit meines Vaters.
In Paris trifft er seine Großeltern wieder, seine Onkel, Tanten, Cousins ... Alle treffen sich bei den Beresniaks, Rue du Pont-de-Lodi im 6. Arrondissement.
Wo ist denn René?
Ist dringeblieben und zeichnet Schneewittchen!
6

Danke, Anne! Ich geh auf mein Zimmer und vertiefe mich wieder in die 1000 Seiten Interview deines Vaters, um mit seiner Stimme weiterzumachen ...
Das war schön, dir das alles zu erzählen, Catel.
Jetzt schreibe ich ein bisschen.
Mein nächster Roman brennt mir unter den Nägeln!
Sehen wir uns am Nachmittag wieder?

René Goscinny
René Goscinny
Goscinny
Goscinny
Goscinny

RENÉ

3

DAS ZEICHNEN

Ich bewunderte Walt Disney.

Ich weiß, wie er's macht ...

Seine Produktionen haben mir Lust auf den Trickfilm gemacht.

Das ist der Gipfel der Perfektion!

Sie haben mich wirklich inspiriert und den Anstoß dazu gegeben, später diesen Beruf zu ergreifen.

Wo ist René?

In der Kabine. Der zeichnet!

Ich vermag es nicht, meine Bewunderung aus technischer Sicht für einen Comiczeichner von meiner Erinnerung an das Lesevergnügen zu trennen.

Schaut, Kinder, wir kommen in Rio de Janeiro an!

René ist wieder in der Kabine und liest seine Magazine!

Eine weitere meiner frühen Leidenschaften waren die »Pieds Nickelés« ...

... viel weniger dagegen »Le Sapeur Camember«*, obwohl grafisch weit überlegen.

»Donner, ist das kalt!«

»Vor allem an den Füßen«

»Ich spüre sie gar nicht mehr«

»... steck sie mir mal ins Fell!«

* Pionier Camember

Mit zwölf habe ich ein komplettes Album der Pieds Nickelés kopiert, Text und Zeichnung.

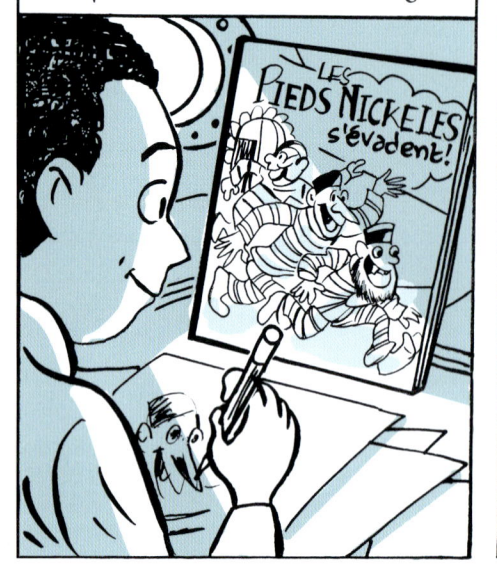

Damals war dieser eigentlich für Kinder gedachte Comic das reinste anarchistische Manifest!

Wir sind die Jungs von der Marine!

Diese drei Strolche zum Beispiel ungestraft einen Präsidenten der Republik entführen zu lassen und sie zu Helden zu machen, das war schon ein starkes Stück!

Claude, kommt dein Bruder nicht an den Strand mit uns?

Der Doofkopp kopiert in seinem Zimmer seine Pariser Hefte.

Ich mochte auch »Zig et Puce« und die amerikanischen Comics wie »Terry und die Piraten«, »Steve Canyon«, die ersten von Al Capp oder diese heute in Vergessenheit geratenen Comics wie Thomens »Charlie Chaplin« ...

Was für ein lustiger Beruf!

Ich las Comics und ich zeichnete auf die Ränder meiner Hefte.

Machst du Hausaufgaben, René?

Alle in unserem Gewerbe sagen, sie hätten auf ihren Hefträndern angefangen.

Ja, Mama.

Das stimmt, nur schade, dass das nicht umgekehrt war.

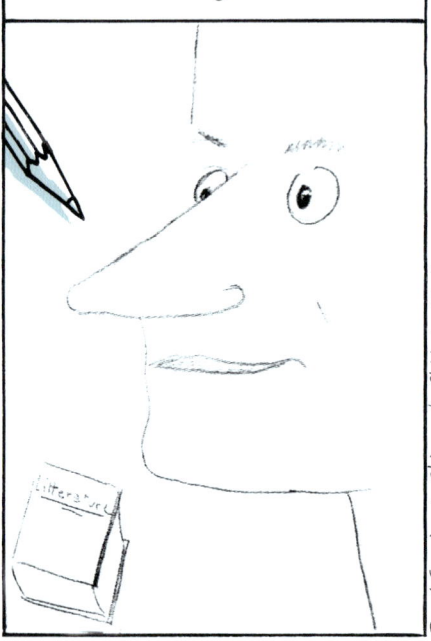

Man hätte an den Rand setzen können, was man in der Schule lernte, und die Seite für die kleinen Zeichnungen frei halten.

René Goscinny – Skizzenheft Nr 1 – 1940

René Goscinny – Skizzenheft Nr 1 – 1940

Ich hatte einen Freund, der hat Zahlen auf die Ränder gemalt und ist Verleger geworden.

René Goscinny – Skizzen- und Karikaturenheft Nr 1 – 1940

Schon immer hatte ich Leute zum Lachen bringen wollen, aber ich wusste nicht so richtig, wie ich das anstellen sollte.

René Goscinny – Skizzen- und Karikaturenheft Nr 1 – 1940

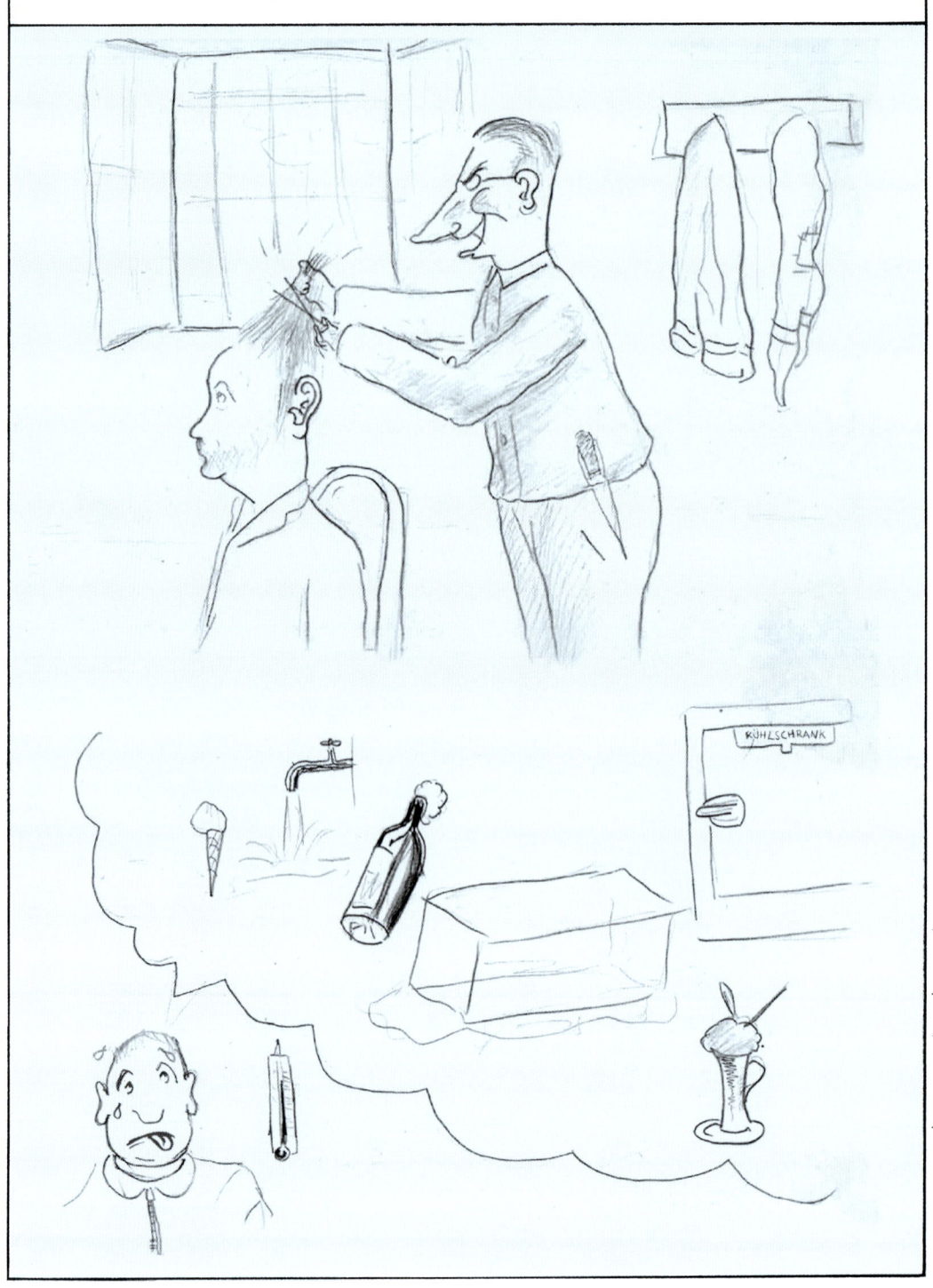

Mir schien es, als sei Zeichnen die direkteste Art und Weise.

So war es auch am einfachsten, sich an Spott zu versuchen.

René Goscinny – Skizzen- und Karikaturenheft Nr 1 – 1940

Wenn man sehr jung ist, ist Humor eine Verteidigung ...

René Goscinny – Skizzen- und Karikaturenheft Nr 1 – 1940–1941

Mit der Zeit kann er dann zur Waffe werden.

René Goscinny – Skizzen– und Karikaturenheft Nr 1 – 1940–1941

> Humor ist eine Krankheit, die ich mir als Kind eingefangen habe und die ich nie mehr losgeworden bin!

Wie ich das Ende der... 1941 gefeiert habe

Dieses 1940 begonnene Heft ist 1941 beendet worden

René Goscinny – Skizzen- und Karikaturenheft Nr 1 – 1940-1941. Übertragung aus dem französischen Original.

| Gerne hätte ich eine gute Note dafür geopfert, eine Aufgabe humoristisch abhandeln zu dürfen.

René Goscinny – Pinocchio – Gouache – 1941

| Humor hat nichts mit Intelligenz zu tun, ich kenne Trottel, die sehr viel Humor haben!

René Goscinny – Micky und Minnie – Gouache – 1941

Unser Chemielehrer schrieb die Tafel mit Formeln und unverständlichen Pfeilen voll.

Er stellte komplizierte Apparate durch Hunderte verschlungene Linien dar, bis die schwarze Tafel schließlich vollständig weiß geworden war.

Ist das klar?

Mir nicht!

Weil Sie nicht richtig zuhören ... RAUS!

Der verwiesene Schüler blieb auf seinem Platz, aber in der Hitze der Vorführung merkte es der Lehrer nicht einmal.

Zusammenfassung!

Sein legendär gewordener Ausspruch »Zusammenfassung« bedeutete, die Tafel zu wischen und den Raum nun erneut mit mysteriösen Zeichen zu füllen.

Ich sagte »raus«, wer hier den Witzbold macht!

Und sein Nachbar auch!

Ich?!?

Ich denke, die guten Schüler bringen es schwerer zu etwas im Leben, sie sind zu diszipliniert ...

3... 2... 1...

Ich konnte mich ohne Gewissensbisse über sie lustig machen, da ich ja der Klassenbeste war.

LÄCHELN!

Ich wollte mich ausdrücken und hatte festgestellt, dass Zeichnen dafür am geeignetsten war.

René Goscinny – Schneewittchen und die 7 Zwerge – Gouache – 1943

Was ich vor allem mochte, war, mit Zeichnungen Geschichten zu erzählen ...

René Goscinny – Micky und Goofy – Gouache – 1943

Im Grunde aber war es mein Ziel, erst mich selbst und dann andere zum Lachen zu bringen.

René Goscinny – Stalin – Tusche und Aquarell – Skizzenheft – 1943

Ein großes Unglück im Leben ist es, die Leute zu ernst zu nehmen.

René Goscinny – Pierre Laval – Tusche und Aquarell – Skizzenheft – 1943

> Wenn das Schicksal harte Schläge bereithält, ist es das Lachen, das einen rettet.

René Goscinny – Winston Churchill – Tusche und Aquarell – Skizzenheft – 1943

Fritz Müller
Leutnant
der Gestapo

Großvater
Müller, Veteran,
Eisernes Kreuz,
120 kg

† Frantz Müller
an der Ostfront

Otto Müller
Hoffnung der Familie und des
III. Reichs

Familie Müller

Mama Müller

Gretchen Müller

Der Führer und der Hund

Papa Müller „S.S."

René Goscinny – Familie Müller – Tusche und Aquarell – Skizzenbuch – 1943. Übertragung aus dem französischen Original.

Mit 17 Jahren ging ich mit dem Abitur von der Schule ab.

Nachdem ich stets den Preis für herausragende Leistungen bekommen hatte, bestand ich meine zwei Abiture mit Auszeichnung; ein Schüler musste schon etwas leisten, um Klassenbester zu sein.

Du kannst stolz auf dich sein!

Man hatte uns gesagt, das Foto der Abschlussklasse würde für uns eine liebe Erinnerung fürs ganze Leben sein.

Eine Woche darauf starb überraschend mein Vater.

SIMKHA!

An Weihnachten.

Papa?!

Am 25. Dezember 1943.

Vorbei.

In Europa herrschte Krieg ...

Nun werden wir Arbeit in Argentinien finden müssen, Kinder!

Eine Rückkehr nach Frankreich kam nicht infrage.

Mit dem »lustigen Beruf« wirst du dich noch etwas gedulden müssen!

ANNE

4

DER KRIEG

— Straße Sargento Cabral Nummer 875, da ist mein Großvater an Weihnachten mitten in der Nacht gestorben.

— Ich hätte ihn gerne gekannt.

Doktor Léonidas Taubenslag hat eine Hirnblutung diagnostiziert.

Stanislas wurde nur 56 Jahre alt.

— Ob die beunruhigenden Nachrichten aus Frankreich wohl Einfluss auf seine Gesundheit hatten?

— Mag sein ...

Durch die Presse und die Kino-Wochenschauen wusste man in Argentinien, was sich in Europa abspielte.

— Schien das alles den meisten Bewohnern von Buenos Aires nicht recht fern zu sein?

— Bestimmt ... Aber die Goscinnys bekamen regelmäßig Briefe aus Frankreich und waren über die immer schlimmer werdende Lage auf dem Laufenden.

— Anna! Ein Brief von deinen Geschwistern!
— Aus Pau, wohin sie geflohen sind?

— Ja. Sie haben das Geld bekommen, das du geschickt hast, und danken uns dafür ...

— »Bis zum letzten Augenblick, selbst nach der Besetzung von Paris noch, hofften wir, die Horden Hitlers würden aufgehalten werden« ...

— ... »aber nun stehen wir vor einer Tatsache, die wir uns nicht erklären können.«

»Was wird uns nun erwarten? Was wird geschehen?«
»Wir warten die Ereignisse in Ruhe ab und hoffen, dieser Albtraum wird einmal enden.«
Dieser Brief von Cécile und Léon Beresniak datiert vom 26. Juni 1940.
In einem anderen Brief berichtet Léon, sie mussten sich den gelben Stern auf die Mäntel nähen.
Für sie wurde die kollektive Tragödie zu einer persönlichen.
Durch den Umzug nach Buenos Aires hat Stanislas Goscinny das Leben seiner Frau und seiner Kinder gerettet!

Wusstest du, dass mein Großvater sich schon seit August 1940 dem Comité de Gaulle angeschlossen hatte, Catel?
Das hat meinen Vater sehr beeinflusst!
COMITE DE GAULLE
San Martín 590
U.T. 31-5341
Buenos Aires
Nº 45189
Nº 08867
COMITE DE GAULLE
Libertad 192
Buenos Aires
Nº 0473
Recibimos de Sr. Stanislas Goscinny
la suma de pesos Diez pesos
Buenos Aires, 24 AGOS. 1940 de 194
COMITE DE GAULLE
LIBERTAD 192
U. T. 35-1384 BUENOS AIRES
Sobald ich das Abitur habe, werde ich mich General de Gaulle anschließen.
Nun aber akzeptieren die meisten Franzosen weder Kapitulation noch Knechtschaft – aus gesundem Menschenverstand und Ehrgefühl und wegen des übergeordneten Interesses des Vaterlands …
A TOUS LES FRANÇAIS
VIVE LA FRANCE !
GENERAL DE GAULLE

Stanislas gehörte zu jener Minderheit von Franzosen, die nach dem Aufruf vom 18. Juni 1940 zum Widerstand bereit waren ...

Hier RADIO LONDON ... Was auch geschieht, die Flamme des französischen Widerstands darf und wird nicht erlöschen!

Auch morgen werde ich, wie heute, von London aus im Radio sprechen!

Papa, kannst du mir den Kontakt zu den Freunden in London herstellen?

"Kurz darauf haben meine Großeltern von der Verhaftung ihrer Angehörigen gehört …"

"Anna sollte erst viel später erfahren, dass ihre Brüder mit dem ersten Konvoi deportiert wurden."

"Es ist seltsam, in den Interviews deines Vaters, die ich durchsehe, spricht er nie von der Shoah …"

"Leute seiner Generation haben dieses Drama häufig für sich behalten. Die Verletzung war derartig, dass es ihm unmöglich war, es zu erwähnen, geschweige denn darüber zu sprechen."

Mein Vater äußerte sich nicht zu Dingen, die zu schmerzlich oder zu persönlich waren ...

Aber eines Tages nannte ein Journalist ihn einen »Chauvinisten«, weil er den Archetypen des Galliers erschaffen hatte.

Er war rasend vor Wut. Zu seiner Verteidigung musste er erklären, dass er seine gesamte Kindheit nicht in Frankreich gelebt hatte, sondern in Argentinien!

Dieser Vorwurf hatte ihn dermaßen verletzt, dass er schließlich in einem aufschlussreichen Satz sein so lange verschlossenes Leid offenbarte ...

Ein Gutteil meiner Familie hat seine Tage in den Konzentrationslagern beschlossen!

Mein Vater, aus tiefster Seele Jude, war vollkommen erschüttert.

Seine Onkel LÉON und MEYER kehrten nicht aus den Lagern heim und sein Cousin Wolodja, dem er sehr nahestand, starb 1942, mit 16 Jahren ...

Alle drei wurden in den Gaskammern von Auschwitz ermordet.

In Frankreich wurde die Familie Beresniak dezimiert und in Polen verlor die Familie Goscinny im Getto das Leben.

Mein Urgroßvater, Abraham Beresniak, hatte jahrzehntelang an seinem monumentalen Projekt des »Etymologischen Jiddisch/Hebräischen Wörterbuchs« gearbeitet, vorausahnend, dass Jiddisch die Sprache der Vergangenheit und Hebräisch die der Zukunft war ...

Es ist verrückt, dieses Werk ist am 30. Oktober 1941 erschienen, in zwei Bänden, mitten in der Besetzung durch die Nazis!

Dieses Wörterbuch, »Feyge« gewidmet, sollte nach dem Krieg ein Standardwerk werden. Viele Studenten verwenden es noch heute!

Abraham konnte die Hauptstadt verlassen und zu seiner Frau in den Süden gehen, in die freie Zone, kurz bevor seine drei Kinder – Drucker – im Dezember 1941 verhaftet und deportiert wurden, nachdem das Buch gedruckt war.

Krank und vor Kummer gebeugt stirbt mein Großvater Ende 1942, einige Monate nach dem Tod seiner Frau.

Ein Anflug schwarzen Humors von Léon überdauert das tragische Geschick der Beresniaks: »Die Nazis, die hab ich reingelegt, denn ich bin sowohl Jude als auch Freimaurer: Zweimal können sie mich nicht töten.«

Nur seinem Sohn Serge gelang es, in die freie Zone zu flüchten, und nach dem Krieg übernahm der mit seinem Sohn Daniel wieder die Druckerei, die während des Krieges »arisiert« worden war.

> Wir haben die schrecklichen Dokumente der Generaldirektion für wirtschaftliche Arisierung bezüglich des Raubs des Familienunternehmens der Beresniak gefunden...

> Wirklich?

```
GENERALKOMMISSARIAT                    Paris, den                        3
    FÜR JUDENFRAGEN                    1 Place des Petits Pères
    ------------------                 DER GENERALKOMMISSAR FÜR JUDENFRAGEN
    GENERALDIREKTION FÜR
    WIRTSCHAFTLICHE ARISIERUNG                                    Administrateur
    --------------------             an M. GREGOIRE, 12 Rue /
                                    Übergangsverwalter von BERESNIAK MAYER
                                    in diese Funktion berufen durch Beschluss der Generaldirektion
CTION III                           für wirtschaftliche Arisierung
24/CL                                 In Anwendung von Artikel 21, Paragraf 2 des Gesetzes
                                    vom 22. Juli 1941 sind Sie aufgefordert, der Caisse des Dépôts et
                                    Consignations, 54 Rue de Lille, zugunsten des Juden:
                                                          DOMICILIERT
         de M.                        BERESNIAK, Léon, derzeit inhaftiert, anzuweisen


         DOMICILIERT A
                                    den Erlös des Verkaufs der Firma BERESNIAK MAYER,
                                                      12 rue Lagrange, PARIS

                          Die Anweisung erfolgt nach Vorlage dieses Schreibens bei der Empfangs-
                          stelle für Treuhanddepots (Cour du Quai d'Orsay, Erdgeschoss) (1).
                          Gleichzeitig haben Sie unter Verwendung von Formularen, die Ihnen zu
                          diesem Zeitpunkt ausgehändigt werden, eine schriftliche Hinterlegungs-
                          erklärung in doppelter Ausfertigung zu unterzeichnen.
```

Übertragung aus dem französischen Original.

GENERALKOMMISSARIAT
FÜR JUDENFRAGEN

GENERALDIREKTION FÜR
WIRTSCHAFTLICHE ARISIERUNG
-:-:-:-:-

SEKTION III

ER/GLA

BETREFF: BERESNIAK MAYER
E:4561

ÉTAT FRANÇAIS
LE 4 MAI 1944

PARIS, le   194

1, Place des Petits-Pères (2°)
+ CENtral 01-52
+ GUTenberg 39-50

Monsieur,
gemäß den mir durch Beschluss vom 28. September 1941 von den Besatzungsbehörden übertragenen Vollmachten, sowie in Vertretung und auf Anweisung des Generalkommissars für Judenfragen und seiner ihm durch das Gesetz vom 22. Juli 1941, Artikel 14 zugewiesenen Verfügungsgewalt, erkläre ich:

Ich habe den durch notarielle Beurkundung vom 29. Oktober 1943 erfolgten Verkauf der Firma BERESNIAK MAYER, 12 rue Lagrange in Paris an M. ARZEAU, 60 Bd. St-Germain, PARIS, rechtskräftig bestätigt.

Folglich bitte ich Sie, die betroffenen Parteien hiervon in Kenntnis zu setzen, und die abschließenden Formalitäten zu erledigen, insbesondere die Erfüllung der Bedingungen für die Aufhebung des Vorbehalts notariell feststellen zu lassen, sowie nach Ablauf der gesetzlichen Widerspruchsfrist den Verkaufserlös unter Vorlage beiliegenden Formulars der Caisse des Dépôts et Consignations anzuweisen.

Ich weise darauf hin, dass Sie mir die Empfangsbescheinigung über 10%, entsprechend dem vom Generalkommissariat für Judenfragen einzubehaltenden Anteil, auszuhändigen haben. Die Empfangsbescheinigung über 90%, entsprechend der zugunsten des Juden erfolgten treuhändlerischen Hinterlegung, verbleibt in Ihren Händen.

P.J.

Monsieur GREGOIRE
12 Rue Sibuet
PARIS

Übertragung aus dem französischen Original.

"Aber zurück zu meinem Vater: Mit seinem Abitur träumt er von der Kunstakademie oder einem Literaturstudium in Buenos Aires ..."

"1943 setzt er sich auch in den Kopf, General de Gaulle zu unterstützen!"

"Ich will los und die Barbaren plattmachen!"

"Das war ein heldenhafter Entschluss, gepaart mit großer Furcht!"

"Aber als Stanislas stirbt, muss sein Sohn alle Vorhaben aufgeben."

"Wir werden arbeiten müssen, René!"

"Ja, Mama."

Claude setzt sein Ingenieurstudium fort, während Vater und seine Mutter Arbeit suchen, da sie rasch ihren Lebensunterhalt verdienen müssen.

Wie alt ist Anna?

54.

Für die zwei beginnt nun eine sehr schwierige Zeit.

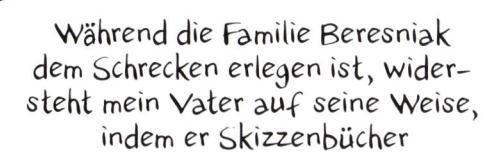

Während die Familie Beresniak dem Schrecken erlegen ist, widersteht mein Vater auf seine Weise, indem er Skizzenbücher mit einer Mischung aus realistischen Porträts und satirischen Zeichnungen füllt.

Mir ist nur der Humor geblieben.

René Goscinny - Skizzenbuch - 1944

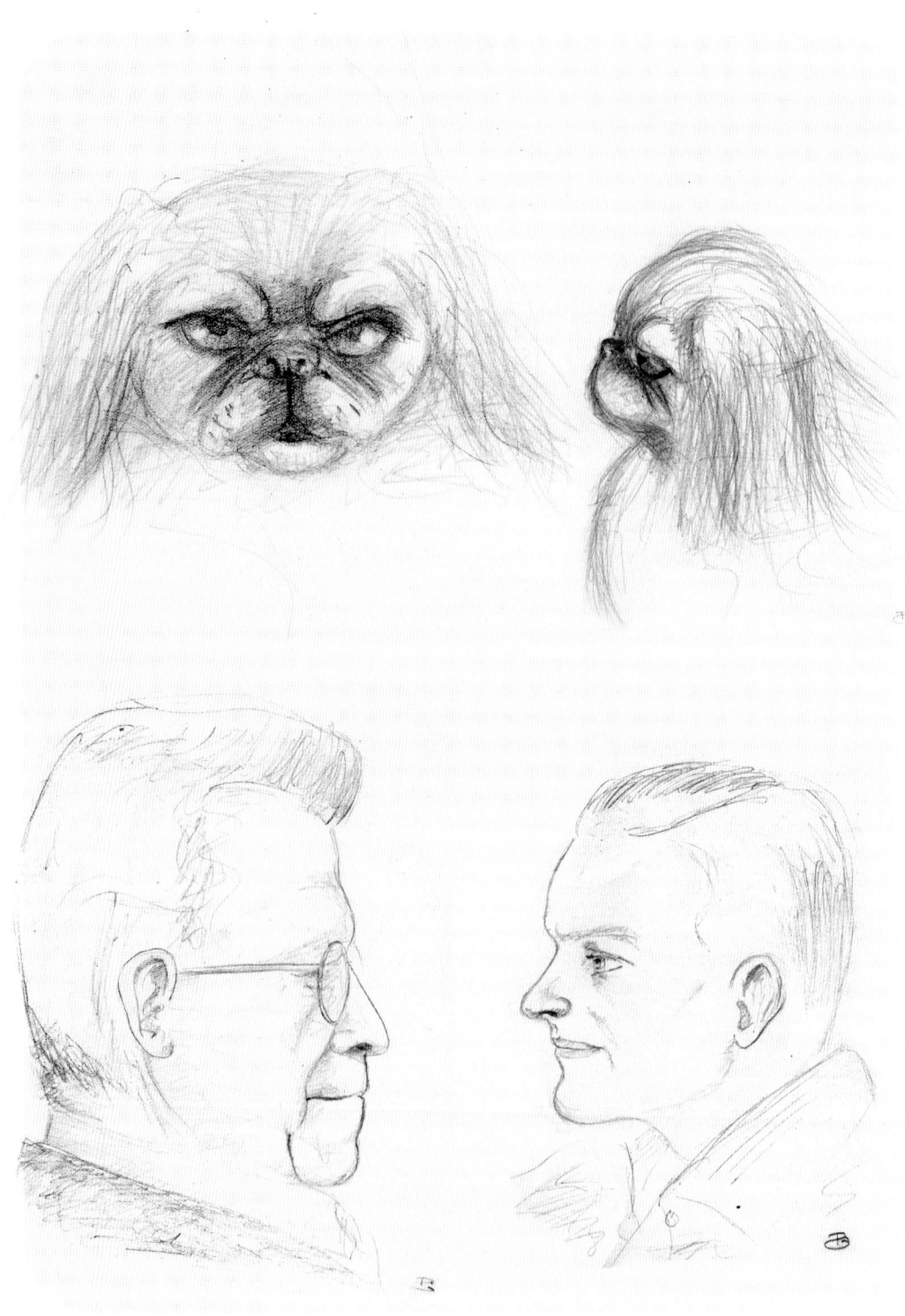

René Goscinny - Skizzenbuch - 1944

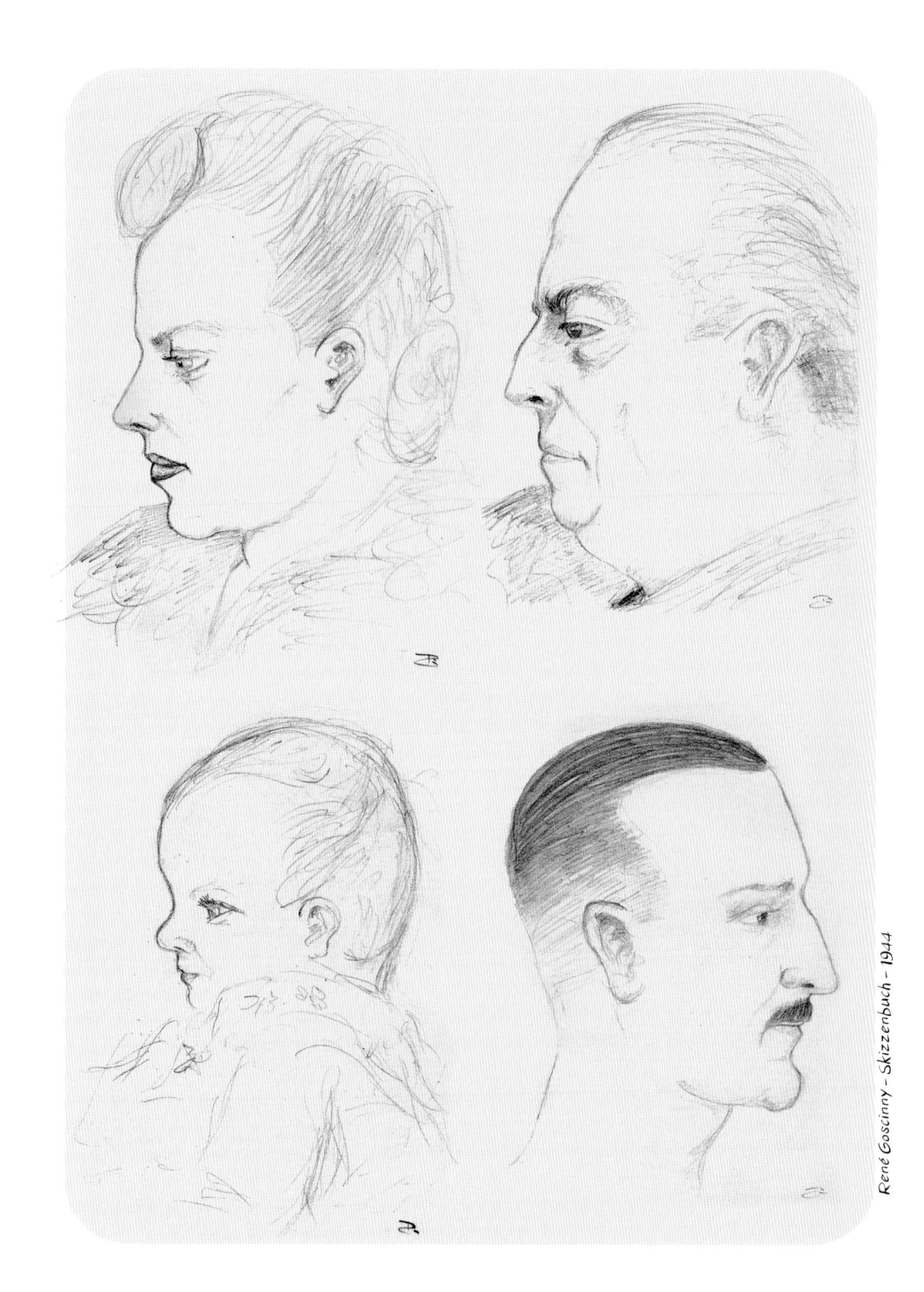

René Goscinny - Skizzenbuch - 1945

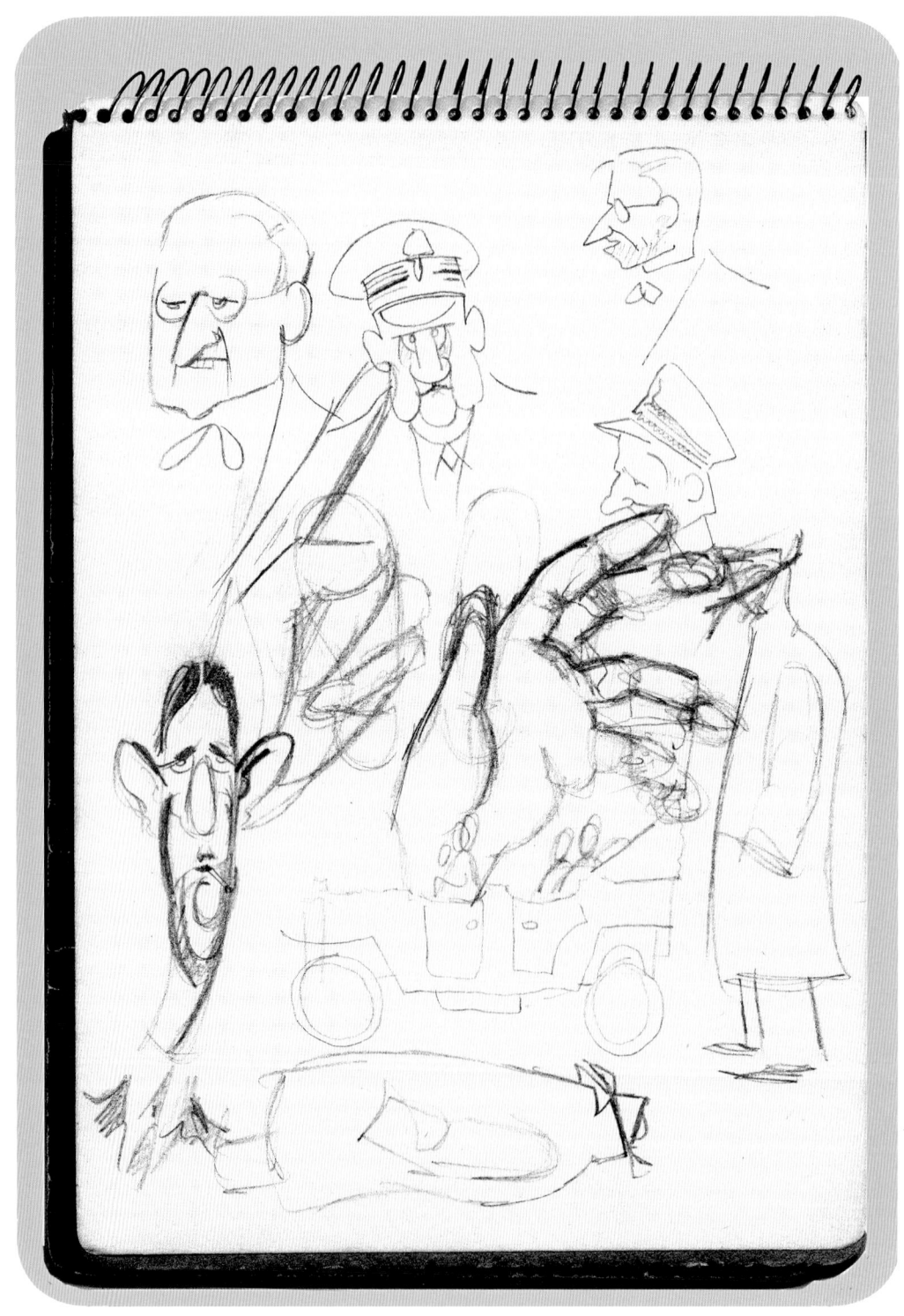

René Goscinny – Skizzenbuch – 1944

1944 beginnt er eine Reihe von Skizzenbüchern, in denen er die große Geschichte parodiert.

All seine Porträts sind äußerst ausdrucksstark!

Das Zeichnen ist sein Ventil.

Hätte man Hitler unter dem Blickwinkel des Grotesken gesehen, als aufgeregtes Männlein, das Unfug schwätzt, hätten die Menschen um ihn herum gelacht, statt ihn ernst zu nehmen. Das hätte einige Millionen Tote erspart!

RENÉ

5
DIE KLEINEN JOBS

Mit 17 war ich gezwungen, sofort arbeiten zu gehen.

Mach's gut, mein Schatz!

Ich musste die gesegnete Zeit der Kindheit hinter mir lassen.

Morgen, René.

Ein Freund meines Vaters bot mir eine Stelle als Hilfsbuchhalter an.

Willkommen bei der FATE!

Fábrica Argentina de Tejidos Engomados

Er war der Direktor einer Kautschukfabrik.

Zunächst einmal wirst du die Post öffnen und beantworten.

BUCHHALTUNG

Genauer gesagt wurden dort alte Autoreifen runderneuert.

»Mörder! Die Klebung hat nicht gehalten, die Reifen gingen bei über 60 km/h kaputt.«

Der Hauptbuchhalter nahm morgens mit sichtlichem Vergnügen sein Büro ein und zog sein großes Hauptbuch hervor.

Genussvoll rieb er sich die Hände, schnalzte mit der Zunge und machte sich mit ungeheurer Freude an seine Arbeit.

Damals wurden die Zahlen noch mit einem schönen Gänsekiel geschrieben, wie im 16. Jahrhundert!

Panel 1:
Ich hasste die Zahlen, die Arbeitsroutine widerstrebte mir, und sehnsuchtsvoll sah ich nach der Uhr.

Denken Sie über die Zahlen nach, junger Mann?

Panel 2:
Schnell begriff ich, dass Buchhaltung niemanden zum Lachen brachte, auch nicht meinen Hauptbuchhalter.

Ich dachte mir nur eben, dass ein kleines Sandkörnchen, wenn es nur dumm genug ist, auch die beste Buchhaltung über den Haufen werfen kann!

Panel 3:
Seltsamerweise amüsierte das meinen Chef noch weniger!

Ist doch großartig, wenn zu viel Geld da ist!

Als ich ein Jahr später dort aufhörte, im gegenseitigen Einvernehmen, waren sie pleite.

Adieu, René.

Ich hatte jede Menge kleine Zeichnungen gemacht, auf jedem Stück Papier, das mir in die Hände fiel.

Schluss mit dem Unterassistenten eines Hilfsbuchhalters, Mama!

Aber was wirst du denn jetzt tun, René?

Was ich wollte, das war Geschichten erzählen, und die beste Art, dies zu tun, war, sie zu zeichnen.

Na, Doofkopp, wieder mal am Zeitverschwenden mit deinem Kinderkram?

Und mit den ehemaligen Mitschülern gründen wir nach »Notre Voix*« ein neues Magazin!

* Unsere Stimme

Mit 18 Jahren brachte ich eine Zeitschrift heraus: »Quartier Latin«.

Quartier LATIN

RUE SOUFFLOT

au Procope

CONSPUEZ LE PION

ZEITSCHRIFT DER EHEMALIGEN SCHÜLER
DER FRANZÖSISCHEN SCHULE BUENOS AIRES

NÚMERO 1 — OCTOBRE 1944

René Goscinny – Quartier Latin – dessin et maquette de couverture – n°1 – 1944. Übertragung aus dem französischen Original.

Ich allein zeichnete dafür ...

22   *QUARTIER LATIN*

RATSCHLÄGE FÜR

1. — Die klassische Regel befolgen: „Niemals am Vortag des Abis ein Buch aufschlagen."

2. — Lineal, Zirkel und Winkel mitbringen, aber am besten keine Frage auswählen, die diese Instrumente nötig macht.

(Erreur)

3. — Einen Vorrat Kaugummi anlegen, das blockiert den Kiefer und niemand kann sich am Zähneklappern stören.

René Goscinny – Quartier Latin – Texte, Zeichnung und Umbruch S. 22 – Nr. 1 – 1944. Übertragung aus dem französischen Original.

Ich allein stellte sie zusammen ...

QUARTIER LATIN 23

KÜNFTIGE ABITURIENTEN
von RENÉ GOSCINNY

5. — Erwartet die Ergebnisse mit Geduld und Zuversicht ...

4. — Eine Uhr ist unverzichtbar, um die Zeit einzuhalten, aber sie kann zu eurem ärgsten Feind werden.

6. — ... und findet euch stoisch mit ihnen ab.

René Goscinny – Quartier Latin – Texte, Zeichnung und Umbruch S. 23 – Nr. 1 – 1944. Übertragung aus dem französischen Original.

Allerdings war ich auch der einzige Leser!
Welch Talent, mein Sohn!
Aber du solltest auch daran denken, etwas zu verdienen ...
NOTRE VOIX
Revue des Elèves DU COLLÈGE FRANÇAIS DE BUENOS AIRES
Quartier LATIN
Aber sicher! Ich suche mir einen lustigen Beruf!

Mit Humor lässt sich so manche Situation bewältigen und, am allerwichtigsten, man nimmt sich selbst nicht so ernst.

René Goscinny – Notre Voix – Zeichnungen für die Rubrik Die Letzte Stunde – 1944

> Ich habe keine bestimmte Inspirationsquelle, ich suche mir die Themen aus dem Leben, ich beobachte, höre zu, das ist mir zur zweiten Natur geworden.

René Goscinny – Skizzenbuch – Aquarell und Tusche – 1944

Aber ich erfinde auch Gags ganz aus mir selbst heraus.

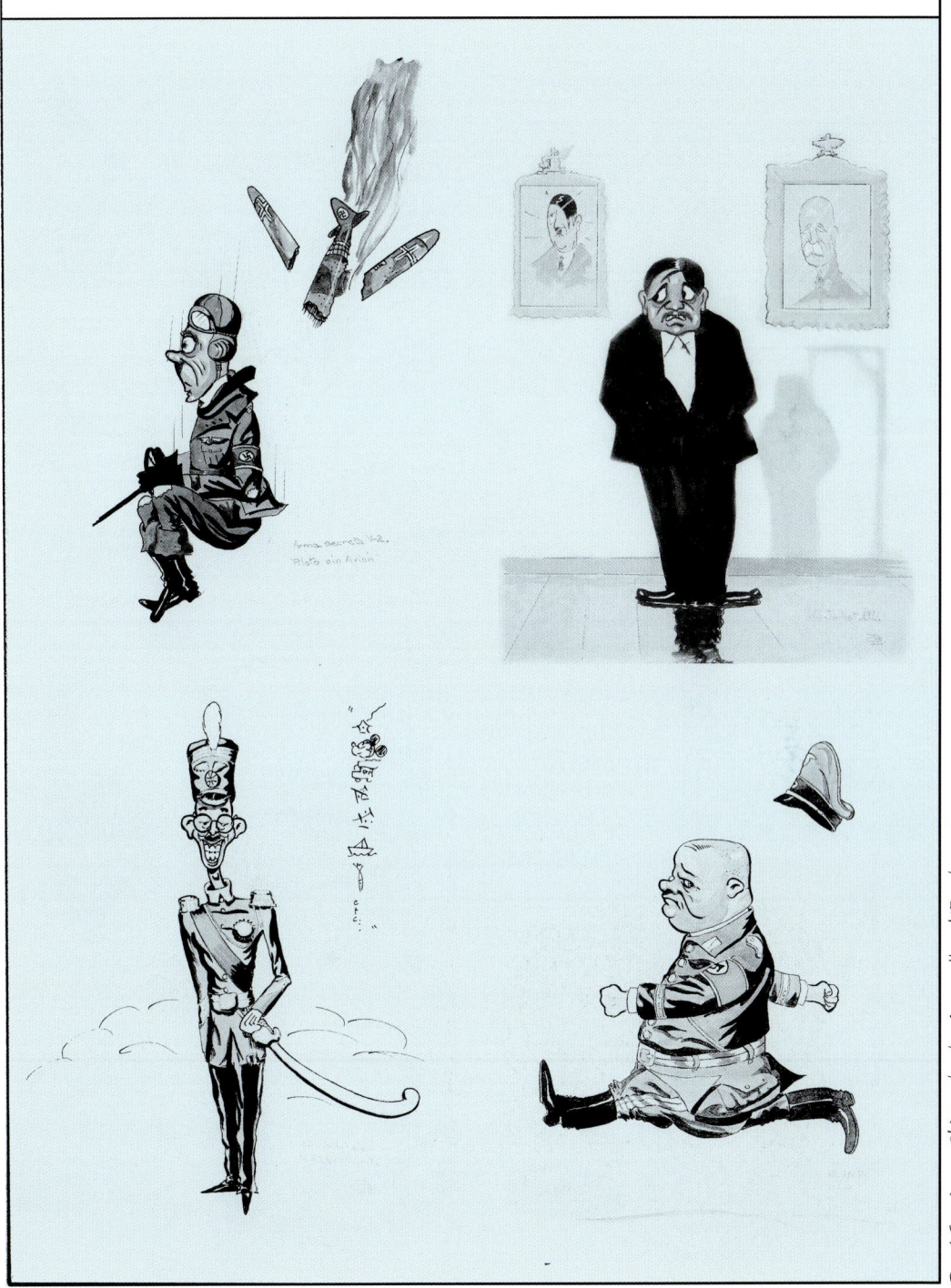

René Goscinny – Skizzenbuch – Aquarell und Tusche – 1944

> 1944, als der Krieg in Europa sich dem Ende zuneigte, stürzte ich mich verstärkt auf das, was ich machen wollte.

"Zeichner will ich werden ... humoristischer Zeichner!"

> Meine ersten Schritte in diesem Metier waren die eines Lehrlings in einer Werbeagentur in Buenos Aires.

"Sie haben so einiges gemacht, das nichts mit Zeichnen zu tun hat."

"Wollen Sie mein Assistent werden?"

Panel 1:
Ich gestaltete ein Etikett für Olivenölflaschen.
Bravo, René!
Ihre Oliven sind großartig, der Kunde wird begeistert sein.
Mir hat etwas Bukolisches in Grün- und Gelbtönen vorgeschwebt.

Panel 2:
Aber mein Kunde zog nackte Frauen den Oliven vor ...
Ja, sehr schön, Ihre Oliven ...
Aber eine nackte Frau, das verkauft sich besser, nicht?!

Panel 3:
Er zahlte, also zeichnete ich ihm eine nackte Frau; aber für dieses Genre war ich nicht sonderlich begabt.
Pff ...
Wir lassen die Zeichnung von jemandem überarbeiten ...

Panel 4:
Mir wurde klar, dass die Werbung kein einfaches Geschäft war.
Kein so recht überzeugender Versuch, schade, adieu René!

> Wenn ich niedergeschlagen bin, zwinge ich mich zu arbeiten, das ist anfangs schwierig, baut mich dann aber auf.

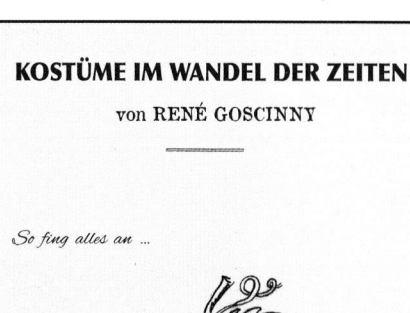

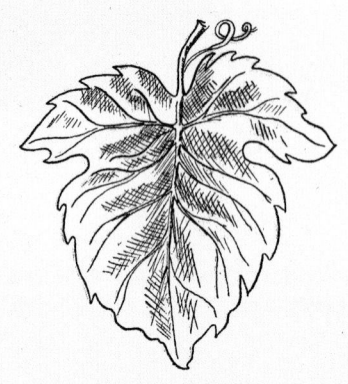

KOSTÜME IM WANDEL DER ZEITEN

von RENÉ GOSCINNY

So fing alles an ...

Der Höhlenmensch hüllte sich in Tierhäute ...

1   2

Die Gallier erfanden die Braccae (oder Hosen) und das für ihren Kriegstanz so praktische Lacoste-Hemd.

Im Mittelalter kam das Eisenblech auf ...

3   4

René Goscinny – Quartier Latin, »argentinisch-französische Zeitschrift« – Nr 3 – 1945. Übertragung aus dem französischen Original.

Während ich zum Assistenten eines österreichischen Werbezeichners wurde, arbeitete ich weiter an »Quartier Latin«.

Hier der elegante Herr um 1900 ...

Unter Ludwig XVI kam die große Zeit von Seide und Perücken. **6**

Aber wenn alles auf dies hier hinauslaufen soll ...

Kommen wir doch besser hierauf zurück.

7

René Goscinny – Quartier Latin, »argentinisch-französische Zeitschrift« – Texte und Zeichnungen – Nr 3 – 1945. Übertragung aus dem französischen Original.

Die Aussichten in Argentinien zu dieser Zeit waren, vorsichtig ausgedrückt, nicht berauschend.

Ein Onkel von mir in den USA hatte geschrieben: »Die States, Land der unbegrenzten Möglichkeiten«!

Sollen wir zu meinem Bruder ziehen ...

Ja!

Nein.

Ich bleibe hier. Ich schließe mein Ingenieurstudium ab und gehe dann nach Harvard.

Und ich, wenn ich etwas mit Nachdruck gesagt bekomme, bin dabei!

Meine Fortschritte als Assistenzzeichner sind bemerkenswert! Ich mache dort Karriere, fahren wir, Mama!

Dann gute Reise, Doofkopp!

Und so verließ ich Argentinien und fuhr im Oktober 1945 mit meiner Mutter nach New York.

Es gibt nur ein Land, das groß genug ist, um mich aufzunehmen: die USA!

Gewiss, mein Schatz... gewiss!

*Skizzenbuch.

René Goscinny – Skizzenbuch – Zwischenstopp in Rio de Janeiro und Trinidad – 1945

Als ich den Boden der USA betrat, wurde mir klar, dass dort niemand auf mich wartete.

Mein Bruder hat mir eine Stelle im Büro besorgt, aber das reicht nicht für uns zwei. Du wirst auch Arbeit finden müssen!

Ja, Mama.

Ich kam aus Buenos Aires, einer modernen und angenehmen Stadt, während in New York alles schroff war und von großer Wildheit.

DOWNTOWN

Im Gewühl dieser Masse von zehn Millionen hastender Menschen fühlte ich mich nur wie ein kleiner, anonymer Jude.

Man spürt, wie da wunderliche Wünsche aufkommen: dass einem irgendwann niemand mehr auf die Füße tritt!

Das Klinkenputzen bei den New Yorker Verlegern erwies sich als eine regelrechte Quälerei.

PUBLISHER

No.

Goodbye.

Mit 19 Jahren alleine in New York, das hat nicht viel mit der Welt eines Fred Astaire zu tun ...	Meine Erfahrung als Zeichner und meine Englischkenntnisse verschafften mir dennoch eine Anstellung.

"I'm French ... I speak Spanish ..."
"To be or not to be?"
"OK."

Ich fing bei einem marokkanischen Importeur-Exporteur als Übersetzer an.	Es war ein schreckliches Büro beim Broadway, eingestaubt, mit Akten vollgestopft.

"Wir verkaufen alles: Jeeps, Fahrräder, Weizen ..."
"OK."

Ich fragte mich, wo sich all die Waren verbargen, in diesen Raum hätte kein Fahrrad gepasst.	Ich war in die USA gekommen in der Hoffnung, für Walt Disney zu arbeiten.
Aber der große Disney wusste davon nichts und ich begann mich zu fragen, was ich hier eigentlich machte! — Das Einzige auf der Welt, das mir Spaß macht, ist, andere zum Lachen zu bringen ... Und das sage ich ganz im Ernst! — Ich weiß, mein Schatz, ich weiß ... Möchtest du noch?	Im Übrigen stellten die Amerikaner sich diese Frage auch ... — Mama, dieser Brief hier ist vom F.B.I. — Was?!

Sehr schnell wiesen mir die USA eine Daseinsberechtigung zu.

Du wirst zur Armee einberufen!

Eingezogen als Soldat? Ich ?!?

Ich hatte keinerlei Lust, amerikanischer Soldat zu werden.

Ist doch aberwitzig! Ich spreche nicht mal Englisch.

Ich wollte überhaupt kein Soldat werden!

Der Militärdienst ist obligatorisch, René.

Mal sehen!

Ich ging sofort zum französischen Konsulat ...

Ich lehne die amerikanische Staatsbürgerschaft ab.

Sprechen Sie mit dem Militärattaché, Herr Goscinny.

Ich fragte, ob es Wege gäbe, dem zu entgehen.

Der Militärdienst ist obligatorisch.

Lieben sie Frankreich?

Oh ja!

Es gibt ein Abkommen: Sie können in die französische Armee aufgenommen werden.

Meine ganze Kindheit hindurch war Frankreich ein märchenhaftes Land gewesen.

Sie können Ihrem Heimatland dienen.

Einverstanden!

Die Amerikaner versorgen ihre Soldaten aber besser ...

Dort gibt's Eier zum Frühstück.

Ich esse morgens nichts!

Frankreich, das war ein »Eldorado an der Seine«, der Ort, wo man in den Ferien zusammenkam.

René Goscinny, dies ist Ihr Marschbefehl.

Danke!

»Les Deux-Sèvres« und »La Lozère« waren für mich wie das Montevideo oder Timbuktu für andere.

Mama, ich gehe und werde Frankreich dienen!

Hast du dir das gut überlegt?

> Bis dahin hatte ich nie Entbehrungen kennengelernt.

"Hier, mein René, ich habe dir Latkes gemacht, die magst du doch so."

> Ich hatte immer den amerikanischen Wohlstand erlebt.

"Schon wieder Langusten? Die gibt's jetzt schon zum sechsten Mal!"

> 1946 kehrte ich so nun also »heim«.

ILE DE FRANCE

Ich gehörte zum ersten Nachkriegskontingent. Willkommen bei den Galliern!	Frankreich wiederzusehen war ein Schock, es war unfassbar.
Als Kind hatte ich manchen Ferientag in Le Havre verbracht und eine sensationelle Entdeckung gemacht: dass es Strandschnecken gab. Sind das Kieselsteine? Ach was, Doofkopp, das sind Muschelschalen!	Welch Kontrast zwischen den Kindheitserinnerungen und meiner Ankunft in der Normandie als Soldat.

Kaum angekommen, war ich fassungslos angesichts der Ruinen und der Lebensmittelzuteilungen.

Ich war der »Amerikaner«, der nach Ende des Zweiten Weltkriegs seinen Militärdienst in Europa leistete.

Schon wieder Bohnen? Das ist jetzt der sechste Tag in Folge.

Wir haben nicht einmal Lebensmittelkarten.

Alle fragten sich, wieso ich mich bei der französischen Armee verpflichtet hatte, ich hatte doch die Wahl gehabt.

Hier bei uns, du spinnst ja!

In der amerikanischen Armee soll es ja sogar Eier zum Frühstück geben!

Ich wurde gefragt, was ich konnte ...

Ich spreche drei Sprachen, kann Maschinenschreiben, zeichnen, journalistisch arbeiten, habe wirtschaftliche Kenntnisse.

Hmm ... Ihre Adresse, Soldat?

123. Straße, Nr. 5, New York, Herr Feldwebel.

Ich wurde den Gebirgsjägern in der Gegend von Marseille zugeteilt.

Wie?!

Solche wie Sie habe ich noch immer kleingekriegt!

Wenn sie hier Spielchen spielen wollen, nur zu!

Meine Einheit wurde von der Regierung ganz besonders schlecht versorgt ...

1 - 2! 1 - 2!

Gibt's bald Essen?

Was willst du hier?! In Amerika bekämst du Eier!

RUHE IM GLIED!!!

In Aubagne-en-Provence kam ich mir vor wie im Straflager ...
Stillgestanden!
Ich hab Hunger!
Es war das erste Mal im Leben, dass ich Hunger litt.
Lachen ist die beste Medizin!
Dank der französischen Armee nahm ich in drei Monaten 20 Kilo ab.
141
PROGRAMM
Ihre Uniform hängt Ihnen ja am Leib, Soldat!
Vor drei Monaten war sie noch etwas knapp.
René Goscinny – Programmheft für Offiziere – 1945

Wird die Uniform getauscht, ist das wirklich ein extremer Fall.
Ich habe Ihre Zeichnungen in der Karte der Offiziersmesse gesehen, Goscinny ... Bravo!
General de Lattre de Tassigny
Da werden wir Sie mal befördern!
Danke, Herr General!
So wurde also ich zu einem betressten Krieger!
Könnten Sie als Regimentszeichner das Wappen des 141. Gebirgsjägerbataillons gestalten, Feldwebel Goscinny?
Ja- wohl, Chef!
141 R.I.A
141 B.I.A.
CAMP de la DEMANDE
René Goscinny - Wappen - 1945
Zum Ende meiner Dienstzeit hatte ich die »Frischlinge« einzuweisen.
Hier, was ihr nicht tun dürft ...
Haha! Ein Gag für die deutschen Gefangenen!
Von solchen Typen hätten sie sich nicht besiegen lassen dürfen!

Soldaten gefielen mir auf dem Rückzug, in Auflösung.

UND NOCH MAL VON VORNE!

DIE, DIE VORRÜCKEN, NERVEN MICH!

Gott weiß, was man bei der Armee erdulden muss. Nie werde ich verstehen können, wie man sagen kann, das waren die »guten alten Zeiten«.

René Goscinny Souvenir einer Reise nach Béziers– Aquarelle – Oktober 1946

Im April 1947 wurde ich zurück in die USA geschickt, wo meine Mutter auf mich wartete.
MARSCHBEFEHL
Gibt's heute Langusten?
Aus dem Nichts ging es direkt in die Vollen, zum Überfluss.
Herrlich! Drei Tage lang werde ich pausenlos essen!
Ich war der teuerste Soldat der französischen Armee …
Mjam! Mjam!

... da man mich aus Amerika geholt und dann dorthin zurückgeschickt hatte!

Noch ein wenig cheesecake, Feldwebel Goscinny?

ANNE

6
LEKTÜRE

Noch einen Kaffee ... und ein paar Pralinen?
Nein danke, Anne, ich hab erst mal genug!
Ich möchte dich etwas fragen, zu einem mysteriösen Buch ...
Nur zu, vor dir habe ich keine Geheimnisse!
WAFF!
Es ist aus dem Jahr 1946, und da taucht zum ersten Mal der Name René Goscinny auf dem Titel auf.
Die Illustrationen sind erstaunlich. Die Klarheit des Strichs und der schlichte Realismus der Schwarz-Weiß-Zeichnungen haben mich beeindruckt ...
Ach ja, der Roman von Balzac, »Das Mädchen mit den Goldaugen«?

— Wie kann das sein, dass kein Exemplar davon aufzutreiben ist?

— Das müsste die erste Veröffentlichung meines Vaters als Illustrator sein, bei der Éditions du Livre Français.

WAFF!

— Das Vorwort ist von Albert Béguin, eine Gestalt der frankophonen literarischen Nachkriegsgesellschaft.

— Das ist das Exemplar aus dem Archiv meines Vaters.

LA FILLE AUX YEUX D'OR
Roman de Balzac
INTRODUCTION DE Albert Béguin
Illustrations de R. Goscinny
elf
LES CLASSIQUES DU XIX

ACHEVÉ D'IMPRIMER SUR LES PRESSES DE L'IMPRIMERIE DELALAIN ET Cⁱᵉ, 47 BIS, AVENUE DE CLICHY, PARIS-17ᵉ. DÉPÔT LÉGAL : 3ᵉ TRIMESTRE 1947. N° D'ÉDITION : N° 1 R. CL. *

— Dann ist das also kein Phantombuch?

* Impressum der Druckerei Delalain, 1947

René Goscinny – Illustrationen zu »Das Mädchen mit den Goldaugen« von Balzac, Tusche – 1946

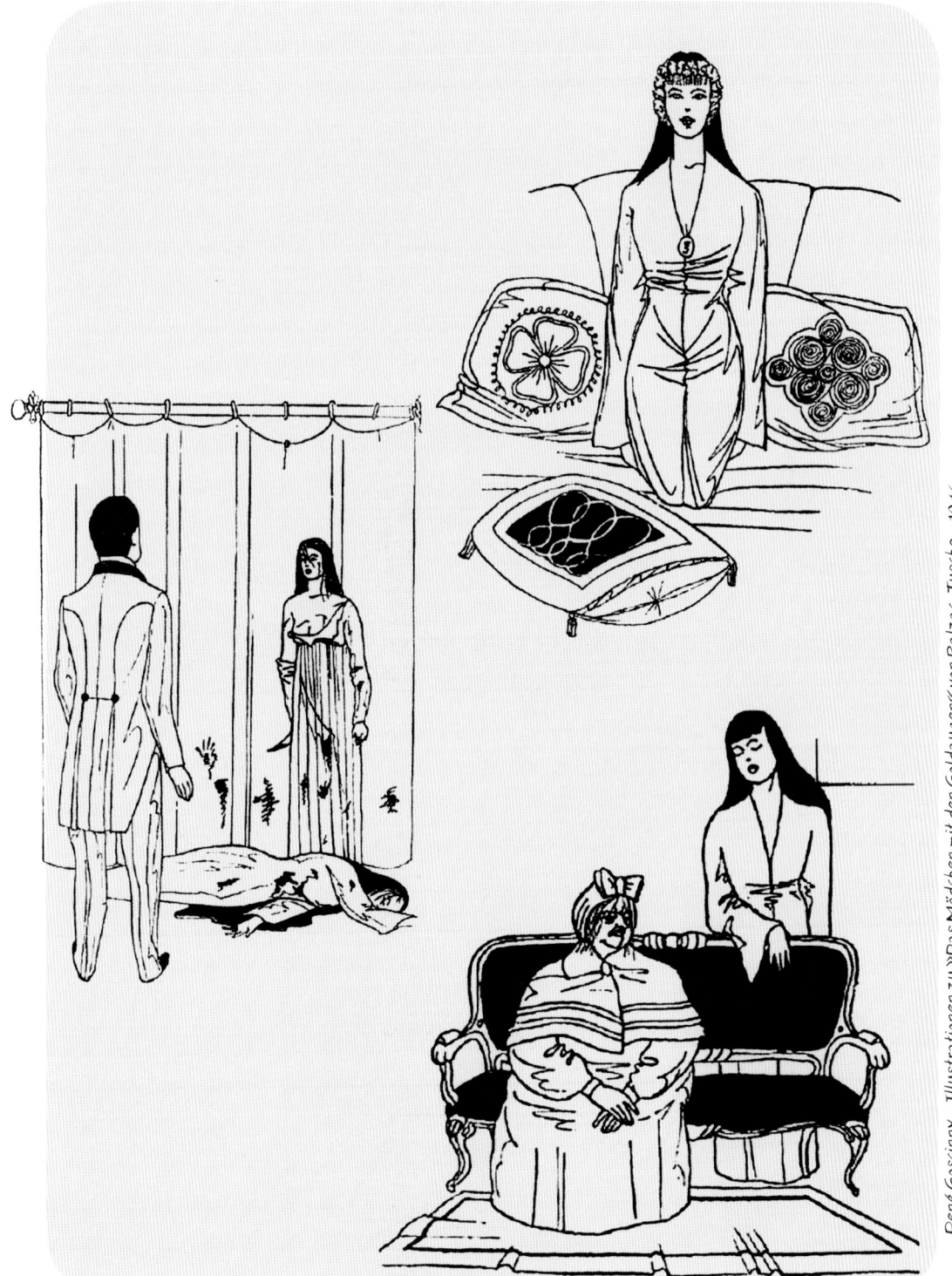

René Goscinny – Illustrationen zu »Das Mädchen mit den Goldaugen« von Balzac, Tusche – 1946

– Das Buch gibt es wohl, aber seine Geschichte ist bemerkenswert ...

In der Nationalbibliothek findet sich ein Referenzexemplar mit folgendem Druckvermerk: »Von Chantenay, Drucker in Paris, August 1946«.

Und seltsamerweise enthält es keinerlei Illustrationen, also auch keine Erwähnung von René Goscinny!

– Ach was!

WAFF!

Das heißt, das Duo Balzac-Goscinny wurde in einem einzigen, nicht erfassten Exemplar veröffentlicht!

– Wie erklärst du dir das?

– Man muss die ganze Sache in ihrem Kontext sehen ...

Nach seinem Militärdienst, vor seiner Rückkehr nach New York, hatte mein Vater eine Reihe Zeichnungen angefertigt, um sich bei amerikanischen Verlegern zu bewerben.

Er suchte zu jener Zeit Arbeit als Zeichner?
Ja.
WAFF!
In seinem Lebenslauf bezeichnete er sich als »junger Regimentszeichner«.
WAFF!
Na komm, Al Capone!
Seine Mappe umfasste seine humoristischen Zeichnungen und die Karikaturen?
Eben nicht! Paradoxerweise hat er eher die Illustrationen zu literarischen Texten in den Vordergrund gerückt, die er nach der Militärzeit in Frankreich gemacht hat …
Recht aufschlussreich bezüglich einer Seite der Persönlichkeit meines Vaters.
Er war vor allem ein Mann der Literatur.
Sehr jung schon las er leidenschaftlich die großen Klassiker der französischen Literatur.

»Ein Kapitän von 15 Jahren« von Jules Verne war sein Lieblingsbuch.

In Buenos Aires war er guter Kunde der französischen Buchhandlung gewesen.

Das war der Treffpunkt der Studenten, die dort die französischen Zeitungen wie auch alle großen Autoren vorfanden ...

Aber mein Vater hatte eine besondere Vorliebe für die angelsächsischen Autoren ...

Man verbindet mich oft mit einer französischen Geistestradition, aber ich habe 24 Jahre im Ausland gelebt ...

Beeinflusst haben mich vor allem K. Jérôme, Benchley, Mark Twain und Thurber!

Aber zurück ins Jahr 1946, das ist ein Text von Balzac, von Goscinny illustriert!

Dieses einzigartige Exemplar verdankt seine Existenz dem Familienzusammenhalt nach dem Kriege ...

Die Beresniaks?!

Ja! 1945 hatte Serge, der überlebende Sohn, die Druckerei zurückerhalten.

Das Unternehmen in der 18-20 rue du Faubourg du Temple wurde wieder äußerst erfolgreich ...

— Es scheint, der Onkel meines Vaters habe ihm einen speziellen Dienst erwiesen!

— Ach?

— Sieht aus wie echt!

— Der Journalist Didier Pasamonik hat das von Daniel erfahren, Serges Sohn!

— Ein einmaliges Exemplar, um meinen Cousin beim Start in den USA zu unterstützen.

— Damit konnte mein Vater, der mit 21 Jahren seinen amerikanischen Traum noch nicht aufgegeben hatte, den New Yorker Verlegern beweisen, dass er in Frankreich schon verlegt worden war!

— Goscinny-Balzac, großartig! Er konnte sich als jungen Star der europäischen Illustration ausgeben!

HA! HA!

WAFF!

RENÉ

7
DIE ARBEITSLOSIGKEIT

Rene Goscinny
246 - 6th Street
Brooklyn, N.Y.
MAin 5-6625

Born in Paris, France.
Age: 22

TRAVELS:

France, Argentina, Uruguay, Brazil, French Africa, Trinidad, Havana, United States.

LANGUAGES:

French, English, Spanish.

EDUCATION:

French bachelor degree in philosophy and literature.

BUSINESS EXPERIENCE:

Illustrator of Balzac's "La fille aux yeux d'or", edited in Paris in 1947.

Mechanicals in Commercial Art Studio Buenos Aires, Argentina.

Commercial artist assistant, Buenos Aires, Argentina.

Charge of regimental art department in French Army.

René Goscinny - curriculum vitae - 1947

René Goscinny – diverse Zeichnungen und Szenen – Buch – 1947

René Goscinny – Illustrationen für Kinder – Buch – 1947

Yes, darling, we know, you're FRANKENSTEIN, now put back the waste paper basket and go back to bed like a nice little monster.

René Goscinny – Selbstporträt für sein Buch – 1947

Arbeitslos in New York – kurz lässt sich das schon mal aushalten.

Zwei Jahre, das ist eine lange Zeit ...

Lustig ist das nirgends, in New York aber ist es schrecklich.

Ich wohnte in einer Bruchbude in Brooklyn ...	Damals war das ein tristes, extrem armes Viertel, in dem fast nur Italiener lebten.
	"Come stai you?" "Good ... E tu?" "CIAO!"
Auf der Straße vor meinen Fenstern spielten die Kinder Baseball und Basketball ...	... während sich die Mäuse in meinem Zimmer mit Begeisterung im Bockspringen übten.
"Meanies!*" BANG! *Ihr Strolche!	

> Von 1947 bis Ende 1948 lernte ich New York gut kennen, nicht als Tourist, sondern als junger, glückloser Einwanderer, der dort eine Anstellung suchte.

„Sie hören von uns."

„Ihr Lebenslauf?"

„Hinterlassen Sie Ihre Anschrift für die Antwort."

> Ich lernte alle Verleger und jede Form von Ablehnung kennen.

„NO!"

„NO!"

„NO!"

> Und dazu noch Ängste, Hunger und Einsamkeit.

„Ich mache mal einen Versuch: Wie lange kann man mit einem harten Ei und einem Kaffee überleben?"

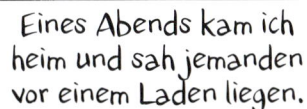

> Eines Abends kam ich heim und sah jemanden vor einem Laden liegen.

> Ich holte den Inhaber, der nichts davon wissen wollte …

Der Mann war tot, ich benachrichtigte die Polizei.	In vollkommener Gleichgültigkeit wurde die Leiche fortgeschafft.
Mir ging nicht aus dem Kopf, dass man mich auch so wegbrächte, wenn mir etwas zustieße ...	Zwanzig Jahre später, im wunderbaren Film Asphalt-Cowboy, gibt es die Szene, wo John Voigt stehen bleibt, weil da einer umfällt ...

Und er ist es, der erstaunt angestarrt wird, weil er stehen geblieben ist.

In den Vereinigten Staaten gilt man nichts, wenn man nicht jemand ist.

Ich kam mir vor wie ein Clochard, der versucht Teil einer Welt zu sein, die nicht die seine ist.

Eines Tages hatte ich das Glück, einen Typografen zu treffen, der für junge humoristische Zeichner arbeitete.
Die sind in einem Zeichenstudio in 1151 Broadway.
So lernte ich Charles Stern, Willie Elder und Harvey Kurtzman kennen.
René
Harvey
Will
Charles
Die zukünftigen Gründer des Magazins MAD nahmen mich in ihre Gruppe auf*, und wir wurden Freunde fürs Leben!
Du wirst Postkarten kolorieren, Hintergründe zeichnen, Umbrüche konzipieren, Texte anpassen ... ok, René?
OK, Kameraden!
Jeanius
CLOTHING & FOOTW
U.S.A
CHARLES WILLIAM HARVEY
studio
* Mit:
- John Severin
- Wallace Wood
- Jack Davis
Noch waren sie völlig unbekannt und krebsten herum, luden mich ein dabei zu sein, und für mich war das der Beginn.
HA! HA!
HA! HA!
Der amerikanische Traum!

Wir hungerten immer noch, aber das war nicht mehr das Gleiche …

Die reinste Humorgeschichte zwischen uns, was, Jungs?!

Yes, John!

Einer für alle, alle für einen!

Die Not mit Freunden zu teilen ist doch romantisch, manchmal sogar sehr fröhlich.

Was gibt's heute Abend?

Eier?

Vorzüglich! Ein Omelett für drei!

Beruflicherseits habe ich mit ihnen alles gelernt, was mir später zugutekam.

Harvey! John! Schaut euch diese großartigen Bücher an. Stehen in jeder guten Buchhandlung!

Yes, René!

Congratulations!

Meine ersten Bücher erschienen 1949.

Das ist der Ruhm, Freunde! Ich werde mit meiner Mutter nach Manhattan ziehen können!

Ein wenig Spaß haben und endlich Ferien in Frankreich machen!

Das waren Kinderbücher bei Kunen Publishers.

PLAYTIME STORIES
A JIGSAW PUZZLE BOOK
Illustrated by Fred Ottenheimer and Rene Goscinny

RIP VAN WINKLE

Young Rip Van Winkle … spend his time talk… dren loved him, as h… near the village. As … take a nap. The sun … e slept for twenty y…

CINDERELLA

A very pretty girl, named Cinderella, lived with her wicked stepmother and three ugly sis… the sisters did nothing, they made Cinderella work all day. One night, everyone was … big ball for the handsome Prince, but poor Cinderella could not go, crying, when her Fairy God… was the prettiest of them all. Cinderella was home alone, crying, when her Fairy God… and changed the rags she wore into a beautiful gown, and put pretty glass slipper… "You must be home at midnight, my child, because then your new clothes will again be…"

ALADDIN

In a small town in China, Aladdin lived alone with his mother. As they were very poor, they had little to eat. One day, Aladdin met a stranger who said, "Boy, if you would earn a gold piece, follow me to yonder mountain, where I would have you fetch me an old lamp hidden in a cave too small for me to enter." Aladdin followed, and when he had taken the lamp from the cave, the stranger gave Aladdin a box on the ear and said, "Give me the lamp and be gone." Frightened, Aladdin held the lamp and ran home. That evening, Aladdin was rubbing the lamp with a cloth when a huge Genie appeared and said, "What would you have of me, Master?"

Illustrationen: Fred Ottenheimer
12 Seiten auf Karton – 6 Geschichten,
von einem Wolf im Großmutterkostüm präsentiert

PLAYTIME STORIES
Kunen Publishers
Puzzle-Bücher für Kinder
Szenario: René Goscinny – 1949

Dann bat mich mein Verleger, der künstlerische Leiter zu werden!

The Monkey in the Zoo & JIGSAW Puzzle book – Zeichnungen und Texte: René Goscinny

Ball der Blumen
1949

French American Legion – Küchenbulle aus dem '14er-Krieg
Gedenkmedaille, Akademische Auszeichnung und landwirtschaftlicher Verdienstorden

Veteranen, in Erinnerungen an die „guten alten Zeiten" schwelgend

Glückliche Gewinner des 2. Preises

René Goscinny – Zeichnungen zu »Ball der Blumen« – Buch – 1949

Ball der Blumen
1949

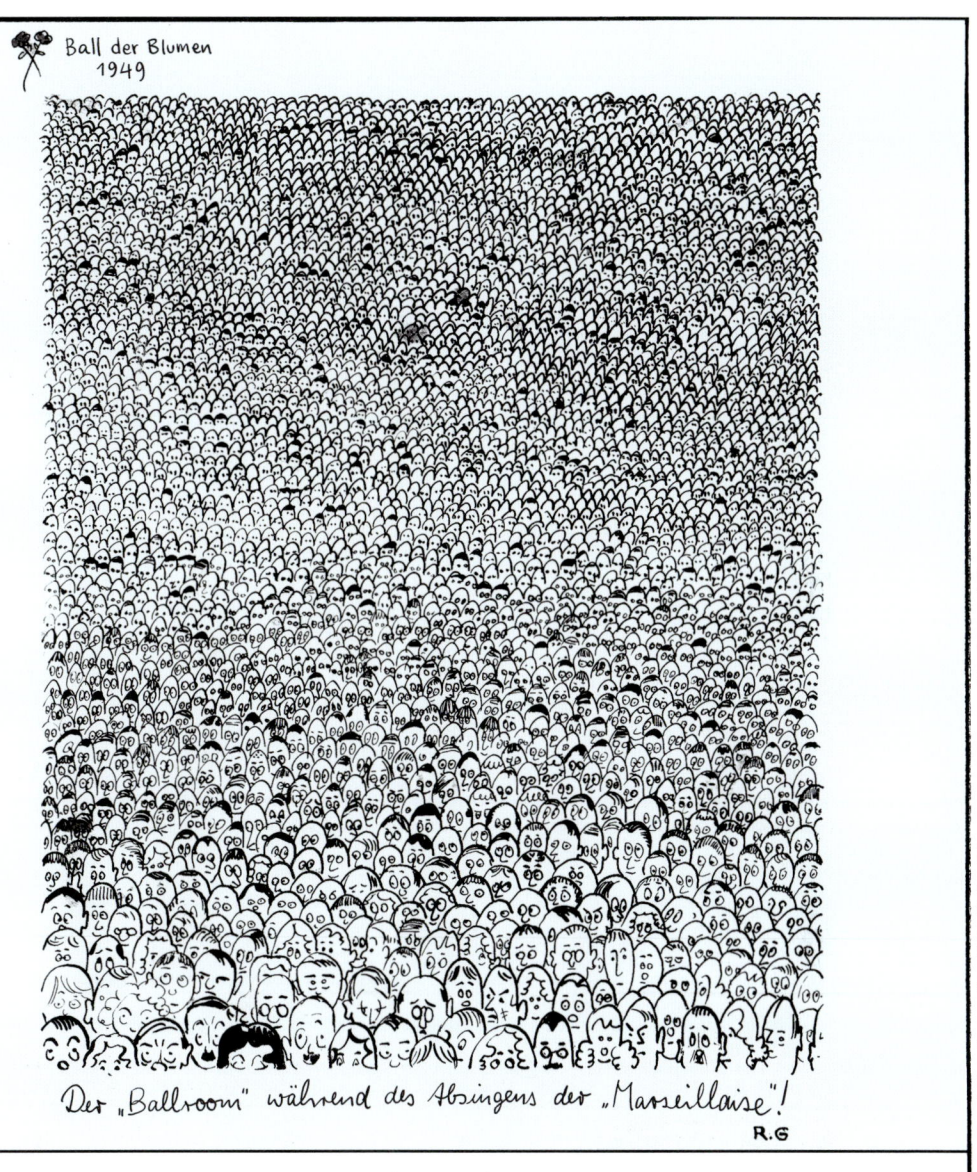

Der „Ballroom" während des Absingens der „Marseillaise"!

R.G

Allons enfants de la patriiiie — Le jour de gloire er arrivééé

René Goscinny – Der »Ball der Blumen« – Mappe mit 6 humoristischen Zeichnungen – 1949

René Goscinny - humoristische Zeichnungen - Buch - 1949

Auf meiner Rückreise von Frankreich in die Vereinigten Staaten lernte ich einen jungen, in Connecticut lebenden Franzosen kennen …

Ich habe meine Dordogne verlassen, um den Amerikanern Käse zu verkaufen!

Ich habe Buenos Aires verlassen, um den Amerikanern Bilder zu verkaufen.

Wie jetzt?! Du hast nie die europäischen Pressezeichner kennengelernt, die in Amerika leben?!

Wir sind befreundet!

Kurz darauf lud Pierre de Monmarson mich zu einem seiner Freunde ein, der in Wilton lebte …

Das ist Joseph Gillain, genannt J.G.!

»JIJÉ« für meine Freunde!

Freut mich! Ich bin R.G., nicht zu verwechseln mit HERGÉ.

Jijé lebte mit seiner Frau und vier Kindern erstaunlich unkonventionell.

Aber für meine Freunde ganz einfach nur »René Goscinny«.

Er erzählte mir die haarsträubende Geschichte seiner Ankunft in den Vereinigten Staaten ...

... und dann treffe ich diesen Spinner Pierre, der hier mit Käse sein Glück machen möchte!

Wir haben ihn zum Essen eingeladen: Hier ist es besser als anderswo, und erschwinglich!

Und er erzählte mir von Morris, den er mir unbedingt vorstellen wollte.

HA! HA!

Du wirst ja sehen, René, der Kerl ist völlig verrückt, aber lustig.

Übrigens hat Jijé in genau diesen Worten Morris von mir erzählt ...

Du wirst ja sehen, dieser Goscinny ist ein total bekloppter Kerl, aber lustig!

So kam es, dass ich mich sehr mit Maurice de Bévère angefreundet habe, genannt Morris.

Du bist ja völlig IRRE!

Lange nicht so wie du!

HA! HA!

Danach traf ich meinen neuen Freund oft wieder.

Zigarre?

Whisky?

Er hatte nicht weit von mir bei zwei alten Damen ein Zimmer gemietet.

Ganz praktisch, nur 300 Meter auseinander zu wohnen!

Spart viel Aufwand!

Morris hatte auch einen Fernseher gekauft, was damals noch nicht sehr verbreitet war.

YES!

Wenn der Bildschirm kaum noch zu erkennen war, ging ich nach Hause.

Ich glaube, ich geh dann mal.

Schon?!

> Für meinen Lebensunterhalt machte ich weiterhin Kinderbücher, und mein Verleger, der ging pleite ...

JOLLY JUNGLE – the LITTLE RED CAR – 3-D-Bücher – Kunen Publishers – 1950 – eine Reihe von Aufklappbüchern mit beweglichen Teilen (Karton, Plastik, Zelluloid...) – Zeichnungen: René Goscinny

... wobei das eine nichts mit dem anderen zu tun hatte, auch wenn Kunen Publishers' Auffassung davon der meinen widerspricht.

ROUND THE WORLD – Kunen Publishers – 1950 – Zeichnungen: René Goscinny – Szenario: Eliott Liebow – Titelbild: Harvey Kurtzman

Es galt, einen Niedergang à la Asphalt-Cowboy unbedingt zu vermeiden. – So langsam reicht's mir mit Amerika! – Was sagst du, mein Schatz? TCHAK! TCHAKAHAKATCHA!	Und ich begriff, dass es dafür nur einen möglichen Ausweg gab … – Mein Verleger schuldet mir noch Geld. Ich hol's mir und gehe nach Europa! – Was? Ich kann nichts hören bei dem Lärm! TCHAKA TCHAKA!
Ich musste die Angleichung von Lebensstandards, von Verhaltensweisen, ja sogar des Nonkonformismus selbst hinnehmen. – Tut mir leid, René, die Bücher bringen nichts mehr ein. – Du solltest wieder Postkarten machen. – Weihnachtskarten laufen gut. KUNEN PUBLISHERS — CLOSED	Gewiss, das ist mir eine Lehre gewesen, aber damals wäre es mir lieber gewesen, andere als ich hätten die daraus ziehen müssen! *Weihnachtskarte, signiert von René Goscinny*

Aus jener Zeit bleibt mir die Erinnerung an das Rascheln der Telegramme des Spirou-Magazins, das Morris darum bat, sich wieder an die Arbeit zu machen.

Ach, René, hast du mal einen Blick auf das Szenario meiner letzten Seiten geworfen?

Nimmst du noch einen Whisky?

Yes, Morris ... Sind das nicht ein bisschen viele Leichen für die kleinen Belgier?

Noch eine Zigarre?

Damals habe ich auch meine erste Comicfigur geschaffen, man musste ein ziemlich dickes Fell haben!

Du solltest deine eigenen Szenarios schreiben.

Jijé und Morris waren mir behilflich mit widersprüchlichen Ratschlägen.

Du solltest Szenarios für andere Zeichner schreiben.

Wenn man sich daran macht, allem eine komische Seite abzugewinnen, ist das nicht viel anders als wie ein Training für die Muskeln.

René, solltest du nicht einen seriösen Beruf ins Auge fassen ...

Ich denke ernstlich drüber nach, Mama!

Wenn ich Schereien habe, denke ich nach dem ersten Verdruss darüber nach, wie ich einen Gag daraus machen kann.

Gehst du zu Kurtzmans Halloween-Party? Das wird dich ablenken ... Ich gehe als Skelett, und du?

Lachen hilft gegen Verstimmung und vermag vieles zu relativieren.

Als was bist du verkleidet, René?!

Als Privatdetektiv, Miss Harvey! Hier meine Lizenz.

To be or not to be!

WILLY WILLIAMS

KID SMASH

Nick Popole

René Goscinny – Figurenentwürfe zu »Dick Dick« – 1949

René Goscinny – erste comicfigur: Dick Dick's

Ich begann eine Abenteuergeschichte zu zeichnen, die »Dick Dick's« hieß.

Minimalistisch in den Hintergründen, aber nicht schlecht.

Sieht ja nett aus, dein Detektiv, mit seiner Fliege!

Ich war kein sehr guter Zeichner; was mich interessierte, war das Szenario.

Sehr lustige Geschichte!

Ja ... versuch doch mal, sie bei belgischen Zeitungen unterzubringen ...

Aber um Comics zu machen, musste ich meine Texte ja schließlich illustrieren!

Georges, ich möchte dir meinen Freund René vorstellen, der gerade die Abenteuer eines Privatdetektivs schreibt und zeichnet ...

Ah! So wie dieser Erfolgscomic, Dick Tracy?

Äh ... meiner heißt Dick Dick's und hätte gegen Erfolg nichts einzuwenden!

1950 lernte ich Georges Troisfontaines kennen, der für den Verlag Dupuis bei der World's Publicity Press arbeitete.

1946 gründete ich eine eigene Agentur.

Ist auf die Boulevardpresse spezialisiert, und vor allem auf Comics.

Einer meiner jungen Angestellten, Hubinon, hat eben die Serie »Blondin und Cirage« übernommen, die unser Freund Jijé geschaffen hat!

Da Georges und ich sehr befreundet sind, ist es mir lieber, nie direkt mit ihm zu arbeiten!

Mit Troisfontaines wurden die Dinge nun ernst.

Die Rechnung geht auf mich!

Zeigen Sie mir Ihre Sachen, wenn Sie mal in Brüssel sind, René!

Sehr gern, Georges!

René Goscinny – Seite 1 des ersten Abenteuers von Dick Dick's – 1950

199

Nach fünf Jahren in Amerika fand ich, es reiche nun mit der Arbeitslosigkeit!

Bye-bye, René!

Danke, meine Freunde!

WOW! Thanks, John!

Ich wollte zurück nach Europa und ins Comicgeschäft einsteigen.

Hier, mein René, ich habe dir LATKES gemacht, die magst du doch so!

Danke, Mama!

Ich hoffe, du hast dort Erfolg, mein Liebster!

Daher bestieg ich Ende Juli 1951, ohne zu zögern, das Schiff, um nach Belgien zu fahren ...

ANNE

8
DIE COMICS

Drei Dinge bewegten Vater dazu, Amerika – und seine Mutter – hinter sich zu lassen und sich in das Abenteuer zu stürzen ...

Die anhaltende Arbeitslosigkeit ...

... seine Begegnung mit Georges Troisfontaines, der für Erfolg steht ...

... und die Abreise seines Freundes Jijé, der seine Karriere in Belgien fortsetzt.

Was meinst du, wieso findet dein Vater keinen Verleger für »Dick Dick's« mit seinem sehr jüdischen New Yorker Humor?

Vielleicht weil seine Figur ein ANTIHELD ist, der nie Lösungen findet und dem stets nur der Zufall hilft!

Gegen Ende der 40er-Jahre setzen die amerikanischen Verleger für ihre Comics auf unbezwingbare SUPERHELDEN.

SUPER-MAN

Dick Tracy

BAT-MAN

Dick Dick's

Mit denen kann Dick Dick's allerdings schlecht mithalten!

Und grafisch gerät mein Vater in die Sackgasse, wenn es mit den Hintergründen schwierig wird!

HA! HA!

Stimmt, mir ist die Szene mit dem Brand in der New Yorker Oper aufgefallen: Da ist Dick Dick's in einer unbewohnten Stadt ohne Passanten oder Autos!

— Die Anfänge meines Vaters in New York waren hart.

— Wenn mich Verbitterung oder Ärger überkommt, muss ich mir nur fünf Minuten lang das Brooklyn vorstellen, in dem ich gelebt habe.

— Nach drei Jahren des American Way of Life träumt er nicht mehr von einer Zukunft in den Vereinigten Staaten. Die Stereotypen des vorgefertigten amerikanischen Glücks erbosen ihn.

— Was mich am meisten ärgerte, war die Weihnachtszeit: Ab November schwappte eine Flut guter Wünsche und Einladungen für Christmas-Partys zum Klang von Jingle Bells heran.

— Die süßlichen Weihnachtsbilder müssen ihn an den Tod seines Vaters an einem 25. Dezember erinnert haben ...

— Es gab da vier oder fünf Partys in den Ateliers von Greenwich Village mit Reproduktionen von Picasso oder Miró, Kissen auf dem Boden, Gitarren und Pizzas.

— Beherzt, aber auch reichlich unüberlegt ist er unaufgefordert seinen ersten Comic angegangen, in der Hoffnung, das zu seinem Beruf zu machen.

— Als ich damit angefangen habe, waren Comics etwas für Minderbemittelte.

— 1950 werden Comics als Schundliteratur angesehen. Die Möglichkeiten, sich in Sprechblasen auszudrücken, sind beschränkt. Später wird er sich selber wundern, dass er sich das zugetraut hat.

— Man hielt mich für einen Irren oder einen Trottel!

— Georges Troisfontaines hat den Aufbruch meines Vaters nach Europa ausgelöst.

— Der große blonde Belgier mit dem markigen Kinn, der die Whisky-Soda-Rechnungen in den Bars am Broadway bezahlt und frankobelgische Autoren beschäftigt?!

„Ja! Der Gründer der World's Publicity Press ist ein bisschen größenwahnsinnig, aber vermittelt meinem Vater das Gefühl, alles sei möglich."

„Und René glaubt, das Mekka der Comics liege in Brüssel!"

„Er will Amerika mit seinen belgischen Publikationen erobern!"

„Der amerikanische Traum trifft auf den europäischen."

„Ganz genau."

„Das konkretisiert sich dank - oder wegen Jijé."

„1950 beschließt die Familie Gillain, nach Belgien heimzukehren, weil Jijé in Amerika beruflich nichts hatte erreichen können ..."

„Bis alle Papiere so weit waren, blieben die Gillains drei Monate in New York, nur hundert Meter von meinem Vater und seiner Mutter entfernt ..."

„Ah, und da ist Jijé vor seiner Abreise für einige Tage zu den Goscinnys gezogen, als seine Frau und Kinder schon in Belgien waren!"

Ja, und so tritt er in ihr Leben: Mein Vater ist arbeitslos und meine Großmutter ist Sekretärin bei einer Import-Export-Firma ...

Finanziell gesehen nagten René und seine Mutter am Hungertuch, keine Frage ... und sie wollten nicht, dass sich das herumsprach!

Vater war schon immer sehr schamhaft. Aber auch hartnäckig!

Er schickt seine ersten »Dick Dick's«-Seiten an Jijé, der sie dem Verlag Dupuis in Belgien zeigen sollte.

Konnte Jijé René aus der Ferne helfen?

Nein.

Die Seiten wurden nicht richtig zugestellt und kamen beschädigt an den Absender zurück!

Deshalb beschloss mein Vater, sie dem belgischen Verleger persönlich vorzulegen.

Er hat all seine Ersparnisse in diese Reise gesteckt!

– Als René Amerika verlässt, ist in Frankreich gerade das Gesetz über die Zensur verabschiedet worden, nicht wahr?

– Genau, im Juli 1949. Damals ist ein Einstieg im Comic – der in Europa nur in Jugendzeitschriften existierte – zum Scheitern verurteilt!

Eine Kommission zur Überwachung der der Jugend zugedachten Publikationen erstellt Berichte über die Gesamtheit der französischen Verlagsproduktion!

Und darunter leidet sofort auch der belgische Comic! Die Abenteuer von Tim und Struppi mussten aus Gründen der Zensur mehrfach umgezeichnet werden!

Das Gesetz besagte: »Keine positive Darstellung im Comic von Banditenwesen, Diebstahl, Faulheit, Feigheit, Hass, Ausschweifungen ... ... sowie aller Handlungen, die als Verbrechen, als Vergehen oder als moralisch verderblich für Kinder angesehen werden können.«

WOW! Und dazu der schlechte Ruf von Comics!

»Wir schlagen uns mit Motorraddiebstahl auf den Straßen durch« wäre noch auf mehr Verständnis gestoßen, als Comics zu machen.

RENÉ

FAMILY TV

9
DIE WORLD PRESS

Ich hatte neunzehn Seiten von Dick Dick's fertiggestellt, die ich selbst Ende Juli 1950 zur World Press brachte.

Belgien, ich komme!

Troisfontaines war erstaunt, mich in Brüssel auftauchen zu sehen.

Sie hier?!

Guten Tag, Georges!

Hat der ein Gesicht gemacht!

Das ist unser künstlerischer Leiter, Jean-Michel CHARLIER.

Ich ließ ihm meinen gesamten Comic da und wartete ab ...

Eijeijei! Ich hab dem Kerl in New York gesagt, er soll vorbeikommen, wenn er in Brüssel ist ...

Er hat seine ganzen Ersparnisse aufgewendet!

Sag ihm, ich habe keine Arbeit für ihn.

Talent hat er ja, aber er ist ein besserer Szenarist als Zeichner.

Sie hören von uns, Herr Goscinny ...

Ich war entschlossen, dranzubleiben.

Ich wartete in Paris ... ein Jahr lang!

Ich war so abgebrannt, dass ich zu einem Verwandten ging, um mir Geld zu leihen.

... nur für ein paar Wochen!

Er gab es mir mit einer langen Predigt, doch endlich einen ernsthaften Beruf zu ergreifen!

Du musst im Handel arbeiten.

Comics zu machen war schlimmer, als gar keinen Beruf zu haben, es war verachtenswert.

Denk darüber nach, versprochen?

Ja, Onkel Serge. Danke!

Am selben Abend erhielt ich ein Telegramm ... "Dick Dick's wurde angenommen, Mama! Cheron, der Schwager von Troisfontaines, von der International Press, veröffentlicht es!"	**Der Scheck folgte und ich ging umgehend meine Schulden begleichen.** "Hier, Onkel Serge!" "Noch mal danke!"
Doch ohne es zu wissen, hatte ich meinem Onkel Kummer gemacht. "Trinken wir was?"	**Nach dem, was er über meine mangelnde Ernsthaftigkeit gesagt hatte, war ihm das sehr unangenehm.**
Zu seinem Trost lieh ich mir erneut einen kleinen Betrag. "Nur für die nächsten paar Tage!"	**Meine Dankbarkeit trieb ihm die Tränen in die Augen.** "Danke, Onkel Serge!" "Auf bald, mein kleiner René!"

Mein Comic wurde in einigen belgischen Zeitungen abgedruckt, wie »La Wallonie«, »La Libre Belgique«, und sogar in einigen flämischen.

ES LEBE BELGIEN!

Adieu, ihr Sorgen!

Ich setzte die Abenteuer von Dick Dick's fort.

Ich machte auch Illustrationen, gezeichnet mit »R«.

René Goscinny – Tukan – 1950

Ich fand dieses Metier allgemein sehr hart und Comics besonders schwierig ...

»Die Menge feiert den siegreichen Dick Dick's« ...

... zumal ich meine Geschichten selbst ins Bild setzte!

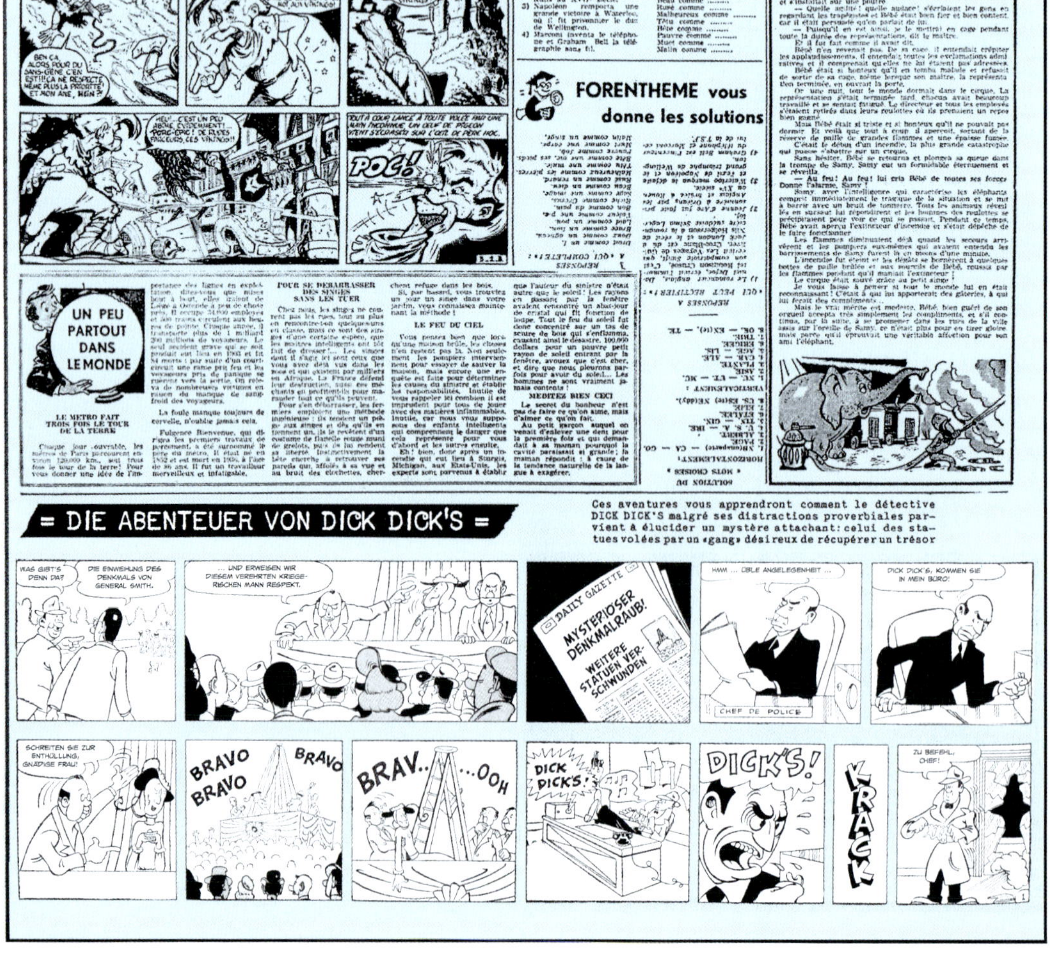

René Goscinny – Episode von Dick Dick's in »La Wallonie« – 3. September 1951

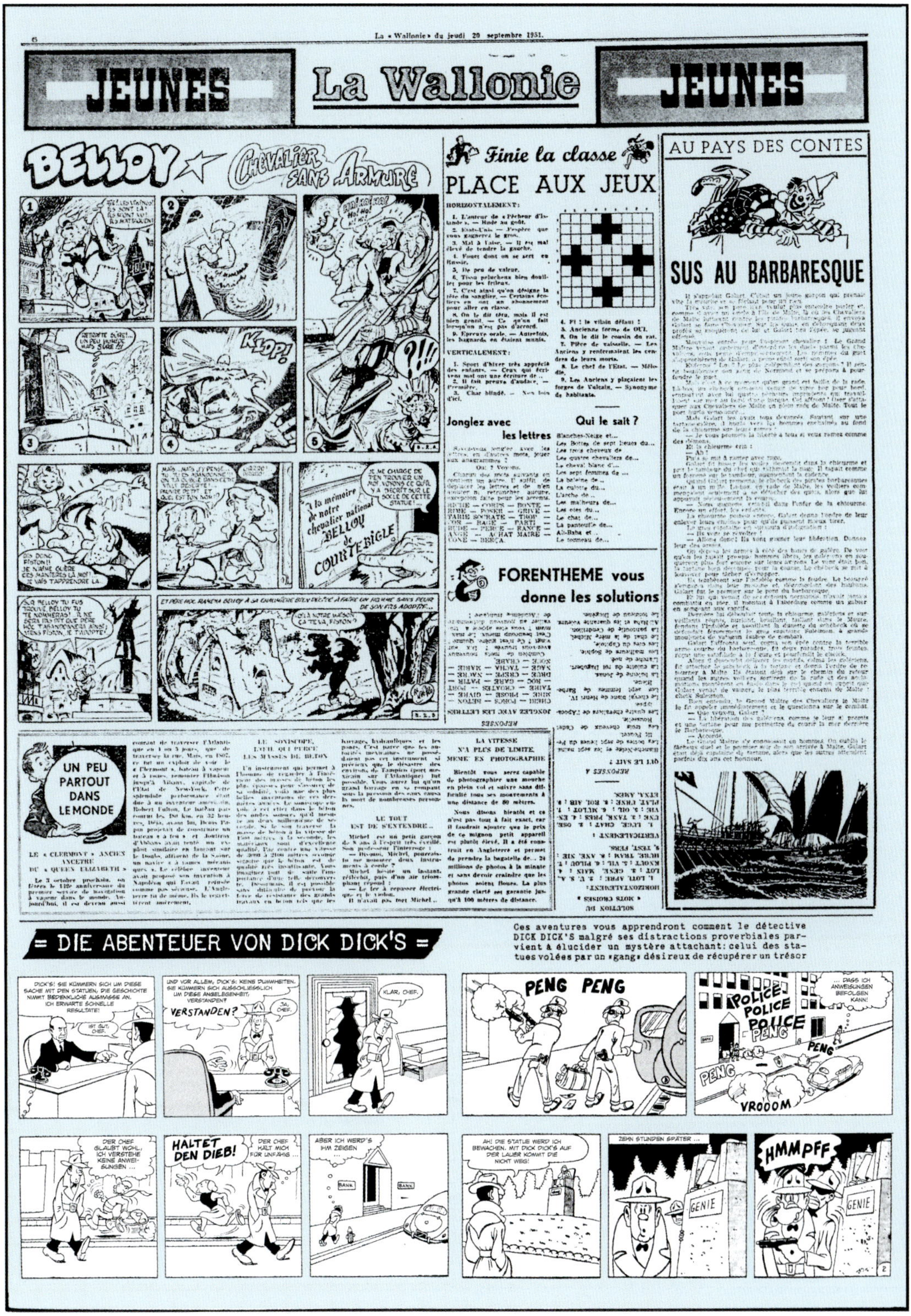
La « Wallonie » du jeudi 20 septembre 1951.

JEUNES La Wallonie JEUNES

BELLOY ★ Chevalier sans Armure

Finie la classe
PLACE AUX JEUX

HORIZONTALEMENT:

VERTICALEMENT:

Jonglez avec les lettres

Qui le sait ?

FORENTHEME vous donne les solutions

AU PAYS DES CONTES

SUS AU BARBARESQUE

UN PEU PARTOUT DANS LE MONDE

LE SONISCOPE, L'ŒIL QUI PERCE LES MASSES DE BÉTON

LE TOUT EST DE S'ENTENDRE...

LA VITESSE N'A PLUS DE LIMITE, MÊME EN PHOTOGRAPHIE

= DIE ABENTEUER VON DICK DICK'S =

Ces aventures vous apprendront comment le détective DICK DICK'S malgré ses distractions proverbiales parvient à élucider un mystère attachant: celui des statues volées par un «gang» désireux de récupérer un trésor

René Goscinny – Episode von Dick Dick's in »La Wallonie« – 26. September 1951

ARBEITSENTWURF FÜR 25 SEITEN DER ZWEITEN EPISODE VON DICK DICK'S

SIE MYSTERE DE CHINATOWN"
++++++++++++++++++++++++++++

20
1) Times Square, Führer sprechen Touristen an und laden sie zu einem Besuch von Chinatown ein, dem chinesischen Viertel von New York; eine Gruppe Touristen besteigt einen Bus und man bricht zur Besichtigung auf. Rundgang zu Fuß durch Chinatown, wobei ihnen ständig ein Junge folgt. Die Touristen biegen in eine Sackgasse ein. Der Junge folgt ihnen und steht in der leeren Sackgasse. Die Touristen sind verschwunden.

21
2) Der Junge alarmiert einen Polizisten, der sich sofort mit seinem Chef in Verbindung setzt. Der ruft sofort nach Dick Dicks, der gerade in seinem Büro Kartenhäuser baut. Der Polizeichef informiert seinen Detektiv über die Angelegenheit, als er eine Nachricht mit Lösegeldforderung für die Touristen erhält. Der Chef beschließt, Dick Dick's einen Assistenten beizugeben. Der Detektiv Ching Chong tritt auf.

22
3) Dick Dick's ist verärgert darüber, sich von solch einer kümmerlichen Gestalt unterstützen lassen zu müssen. Der Chef versichert ihm, Ching Chong habe verborgene Talente. Der führt Taschenspielertricks und Judo vor. Natürlich ist Dick Dick's das Opfer seiner Vorführungen. Schließlich ist Dick Dick's überzeugt. Sie ziehen ihre Stadtpläne zurate und machen sich auf den Weg.

23
4) Sie begeben sich zur Sackgasse, wo die Touristen verschwunden sind. Sie untersuchen die Mauern, aber finden nichts. Als Dick Dick's sich an die Wand lehnt, verschiebt sich ein Ziegel und eine Hand versucht, den Detektiv zu erwürgen. Der wendet sich um zu Ching Chong und befiehlt ihm, sich ruhig zu verhalten. Da erhält er einen Schlag mit dem Knüppel. Wütend will er Ching Chong bestrafen, aber der verteidigt sich mit Judogriffen. Und Dick Dick's tritt vor den entsetzten Chef und eröffnet ihm, dass sie wieder einmal nichts erreicht haben.

24
5) Ching Chong verlässt das Büro und wird auf der Straße in einen Wagen gezerrt. Er findet sich gefesselt auf der Rückbank neben einem Chinesen wieder, xxxxxxxxx der ihm ähnelt wie ein Zwilling. Es handelt sich um Chong Ching, Ching Chongs Bruder, der missraten ist und zum Gangster wurde Das Gespräch geht auf „Chinesisch" weiter, mit „Übersetzung". Der Wagen fährt in die Sackgasse und wir sehen, wie die Mauer sich öffnet: Es ist der Eingang zu einem Unterschlupf.

25
6) Im Unterschlupf der Banditen findet sich Ching Chong bei den Touristen wieder. (Running Gag der Geschichte: der kurzsichtige Mann hat nichts verstanden und glaubt, all das gehöre zur Besichtigung.) Chong Ching sagt, es würde ihnen nichts geschehen, wenn das Lösegeld bezahlt wird, will inzwischen aber den Platz seines Bruders einnehmen, um Dick Dick's loszuwerden.

26
Tsing Ping
7) Dick Dick's läuft schimpfend über die Straße, zu ihm kommt der falsche Ching Chong, der ihm sagt, er habe eine Spur. Dick Dick's folgt ihm und in den Gassen von Chinatown ergeben sich eine Reihe von Fallen, denen Dick Dick's unbeschadet entgeht, ohne überhaupt etwas zu bemerken. Er wirft Ching Chong vor, seine Zeit zu verschwenden.

René Goscinny – Seite 1 des Arbeitsentwurfs für die zweite Episode von Dick Dick's 1952. Übertragung aus dem französischen Original.

Meine Szenarios sind sehr schwierig in Bilder umzusetzen ...

Man muss verrückt sein, um das zu zeichnen!

René Goscinny — Geheimnis von Chinatown – 1952

René Goscinny – »Dick Dick's«

René Goscinny – »Dick Dick's«

Ein Glücksfall: 1951 eröffnet die World Press mit ihrer bescheiden International Press genannten Schwesterfirma ein Büro in Paris.

René, möchten Sie mein Direktionsassistent werden?

Mit Vergnügen, Herr Troisfontaines!

Das ist Yvan, ein weiterer Mitarbeiter.

Freut mich!

Diese Agentur an den Champs Elysées, geleitet von Troisfontaines und seinem Schwager Yvan Cheron, war eine 3-Zimmer-Wohnung mit Blick auf den Hof.

Erster Auftrag: In der rue de Montreuil eine Comicseite abholen beim Autor von BELLOY, der Ihr Mitarbeiter sein wird.

Mit Vergnügen, Herr Cheron!

Und noch ein Glücksfall, ein gewaltiger: Albert Uderzo, der gleichzeitig mit mir eingestellt worden war.

»Goscinny«, ist das italienisch?

Nein, aber ich kann perfekt einen New Yorker Italiener imitieren, der Englisch mit neapolitanischem Akzent spricht!

Si, si! Al' UDERZO!

HA! HA!

Da die Bezahlung bescheiden war, mussten viele Comics gemacht werden, um hoffentlich davon leben zu können!

Würde es euch was ausmachen, eure Zeichentische hierherzubringen?

Die Räume der Agentur sind noch etwas leer.

OK!

> Für uns kam es nicht infrage, diesen Beruf halbtags wie ein Steckenpferd auszuüben.

— René, kannst du eine Illustration für die Titelseite von »Le Moustique« machen?
— Albert, wo bleibt die nächste Seite für »Belloy«?!
— OK.
— OK.

> Gleich am ersten Tag hat Albert mir eine vorübergehende Zusammenarbeit angetragen ...

— Du schreibst gern, ich zeichne gern, klar?

> Wir ergänzten uns und sprachen die gleiche Sprache.

— Nein?
— Doch!

> Beide hatten wir Lust, jede Menge Dinge zu machen.

— Bereit für eine Nachtschicht, Kinder?
— OK!

So begann ich also, Texte für Uderzo zu schreiben und gleichzeitig weiter viele Illustrationen, Karikaturen und Comics zu machen, die im Wesentlichen im belgischen Wochenmagazin »Le Moustique« erschienen.

René Goscinny – Titelillustration, signiert »R« – Magazin »Le Moustique« – 1952

Sagt mal, Jungs, seid ihr sicher, wir sind die Erstbesteiger dieses Gipfels?

René Goscinny – humoristische Zeichnung – Magazin »Le Moustique« – 1952. Übertragung aus dem französischen Original.

Kann man nicht mal in Ruhe arbeiten?!!

René Goscinny – humoristische Zeichnung – Magazin »Le Moustique« – 1952–1954. Übertragung aus dem französischen Original.

James Cagney	Boris Karloff	Peter Lorre
Kathryn Grayson	Charles Coburn	Jane Powell
Emil Jannings	Edward G. Robinson	Clark Gable
Mischa Auer	Victor Mature	Spencer Tracy

René Goscinny – Karikaturen amerikanischer Filmschauspieler – Magazin »Le Moustique« – 1952–1954

Errol Flynn, der Partner von Micheline Presle und Victor Francen in »Die Taverne von New Orleans«, eine in Frankreich gedrehte Großproduktion

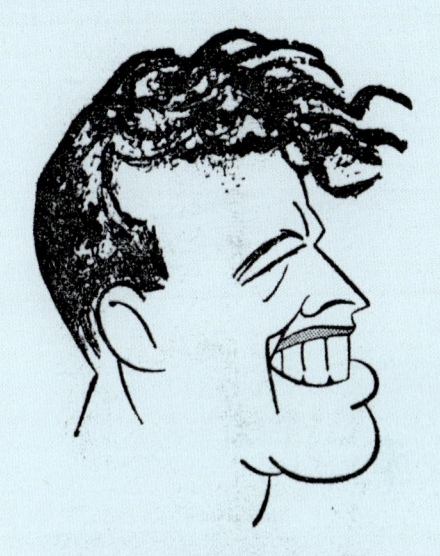

Eine nette Karikatur von Burt Lancaster, den wir bald in einem großen Abenteuerfilm wiedersehen werden: »Der Rebell«

James Mason

Joseph COTTEN

René Goscinny - Karikaturen amerikanischer Filmschauspieler - Magazin »Le Moustique« - 1952-1954. Übertragung aus dem französischen Original.

Obwohl der grafische Aspekt mich über die Maßen reizte, dachte ich, es sei besser, mich dem Schreiben zu widmen; seien wir mal ehrlich, ich bin ein erbärmlicher Zeichner, ganz im Gegensatz zu meinem Freund Albert.

Im Verbund unserer Unzulänglichkeiten haben wir uns gegenseitig, so gut es ging, unterstützt.

Jungs, ich habe genau, was ihr braucht: eine regelmäßige Kolumne in einem belgischen Frauenmagazin, mit Texten von René und Zeichnungen von Albert.

René Goscinny – Titelillustration, signiert »R« – Magazin »Le Moustique« – Mai 1952

Panel 1:

In Anbetracht unserer Situation lehnten wir anfänglich nichts ab, schlichtweg gar nichts.

— Die erste brauche ich schon morgen!
— Ah ... OK!
— Ääh ... OK.

Panel 2:

Es war herrlich, unseren Lebensunterhalt mit dieser Arbeit zu verdienen.

— Sehr schön! Heute Nacht wird geackert, Freunde. Aber vorher trinken wir ein Glas.
— OK!

Panel 3:

In einem Alter, in dem Kinder davon träumen, Flieger zu werden oder Feuerwehrmann, wollte ich andere zum Lachen bringen.

— Ich lasse von einem Bild erst ab, wenn ich keinen Gag mehr einbauen kann!

Essen wir schnell einen Happen, und dann ans Werk!

Panel 4:

Und nun hatte ich das Glück, das den ganzen Tag zu machen, gegen Bezahlung!

— Jungs, nehmen wir noch einen, und dann wieder an die Arbeit?
— OK, Chef!

Spaß zu haben und anderen Spaß zu machen, das war immer mein kleiner Beitrag zu unserem kurzen Dasein in dieser Welt ...

Ein Glück, einen Chef zu haben, der alle angesagten Orte kennt, wo man nach Mitternacht noch einen heben kann!

Ha! Ha!

Ich glaube, auch mit einem anderen Beruf hätte ich abends noch, todmüde, humoristische Texte geschrieben.

Noch einen auf den Weg, Männer, dann wird's wieder Zeit, zu schuften!

OK!

Drei Whisky »on the rocks«, bitte!

Die erste Zusammenarbeit mit Albert war eine wöchentliche Rubrik in »Bonnes Soirées«, einige Jahre lang.

Nun mal los, Jungs, die Presse wartet nicht!

»Lebensart in feiner Gesellschaft.«

Ha'm wir da was?

Sie war gezeichnet mit »Uderzo« für die Zeichnungen und »Liliane d'Orsay, treue Bewunderin ihrer Majestät« für den Text!

Hört mal, eine Leserin schreibt mir: »Liebe Madame d'Orsay, wie erfreulich, dass es in diesen wirren Zeiten Frauen von Ihrer Klasse gibt.«

Ein dreißigjähriger Junggeselle, der jungen Leserinnen dieses sehr beliebten Magazins Ratschläge erteilte!

»Sehen Sie ihn so, wie er ist, und nicht so, wie Sie ihn lieben.«

Wenn es psychologisch wird, unterzeichne ich mit »Françoise«.

In beinahe 300 humoristischen Beiträgen war ich »die«, für die die weibliche Psychologie keine Geheimnisse mehr barg!

»Sieht er gut aus? Es ist gewiss nett, mit ihm gesehen zu werden, aber ist er darüber hinaus auch intelligent?«

Und wenn Françoise spricht, dann bin ich der Zeichner!

Auch Hochzeiten erfordern Lebensart

Und nun einige Ratschläge, was bei Hochzeiten zu tun ist ... und was zu lassen. Es ist nicht weiter schwierig, man sollte es nur wissen!

Vermutlich haben Sie eine Einladung zur Hochzeit Ihrer Freundin erhalten. Antworten Sie freundlich mit einigen Zeilen oder mündlich, falls Sie sich öfters sehen.

Sie werden zum Hochzeitstage Blumen schicken – rot und weiß. Jedoch ziehen viele Brautleute es vor, diese einige Tage vor ihrer Hochzeit oder einige Tage nach ihrer Rückkehr von der Hochzeitsreise zu erhalten. Solcherart haben sie

Ausschließlich rote und weiße Blumen schicken sich zur Hochzeit.

etwas davon, wohingegen sie anderenfalls fort sind, die Blumen aber bleiben ... allein.

Wählen Sie ein Geschenk entsprechend Ihrer Möglichkeiten. Seien Sie nicht extravagant, sondern beweisen Sie guten Geschmack. Haben die Verlobten vielleicht eine Liste erwünschter Dinge erstellt? Teilen Sie mit, was Sie zu schenken gedenken, um gleiche Geschenke zu vermeiden.

Bevor Sie etwas schenken, informieren Sie sich, was bereits geschenkt wurde.

Beglückwünschen Sie nach der Zeremonie neben dem Paar auch die Eltern. Sie werden das zu schätzen wissen, und es beweist nicht nur Freundlichkeit, sondern auch Lebensart.

Seien Sie charmant und guter Dinge. Bei Tisch kommt es Ihnen zu, die Unterhaltung aufrechtzuerhalten, auch wenn Ihre Nachbarn weder Schönheiten noch in Ihrem Alter sind.

Essen Sie nicht für zwei. Hochzeitsessen sind stets vorzüglich: Doch dies ist kein Grund, sich auf Tage hinaus satt zu essen!

Auch wenn Ihre Nachbarn keine Schönheiten sind ... lächeln Sie!

Womöglich sind Sie eine nahe Verwandte der Braut, aber noch jung. Fordern sie keinen Platz am dem Brautpaar nächstgelegenen Tisch! Dieser Platz mag für eine ältere und ... nörglerische Dame vorgesehen sein.

Wenn es ans Tanzen geht, legen Sie Platten auf, die alle mögen, und nicht nur Sie! Bebop ist nicht nach jedermanns Geschmack!

Nutzen Sie nicht den Anlass, um für zwei zu essen!

FRANÇOISE.

René Goscinny – Ratgeber, Text und Zeichnungen – Magazin »Bonnes Soirées« – 1951–1953

Panel 1:
Doch wurde mir diese Kolumne plötzlich entzogen, als die Zeitschrift einen empörten Leserbrief erhielt ...

»Sie möchten eine Freundin zum Schweigen bringen? Schenken Sie ihr eine weiße Rose, das bedeutet ›Ruhe!‹«.

Sieh mal, René!

Panel 2:
Die Dame erwartete ein Akademiemitglied, einen Bischof und einen Direktor zu Gast und fragte, wie sie sie platzieren sollte.

Du hast geantwortet: »Mit dem Hintern auf den Stuhl, das ist am bequemsten.«

Schluss, Jungs, das gibt nur Ärger!

Panel 3:
Die Lebensart-Kolumne blieb für Albert und mich eine unvergessliche Erinnerung!

Schade ... das Blatt hat eben die Millionenauflage überschritten!

Denkt euch was Neues aus, Jungs!

Panel 4:
Aus jener Zeit bleibt mir vor allem eine gewaltige Arbeitslast im Gedächtnis.

Beeilung, René; ich brauche noch eine Zeichnung von den Engelchen und zwei oder drei Szenarios.

Kommt sofort!

Unsere Engelchen

— Meine Pfeifen ...! Wo sind meine Pfeifen ...? Wer hat die weggenommen ...?

UNSERE ENGELCHEN

— Oh! Sieh mal ... wie schmutzig das Schwein ist ...!

Ich schrieb Szenarios für »Sylvie« von Martial und unsere ersten Serien mit Uderzo wie »Bill Blanchart«, »Antoine l'invincible« oder »Poussin et Poussif«.

»Jehan Pistolet« erschien damals in Fortsetzungen in der Beilage des Magazins »La Libre Belgique«.

Trinken wir was, bevor es weitergeht?

OK.

Wir machten auch »Luc Junior« für die Jugendbeilage desselben Blatts.

Für »La Libre Junior« brauchen wir so etwas wie »Tim« ... Okay, Jungs?

OK!

Wir machten uns Gedanken und schufen rasch gemeinsam einen neuen Helden: Umpah-Pah.

Die Abenteuer eines riesigen Indianers? Äh ... ja ... originell!

Wir arbeiteten instinktiv und machten ganz andere Dinge als bei ... Tim! Wär doch gut, wenn unser Held einen kleinen, schlauen Freund hätte.	Aber die Verleger schworen nur auf Hergé oder Franquin. Hmmm ... Nicht schlecht, Kinder. Übt weiter! Kennt ihr das Marsupilami?
Also machte ich ein paar Geschichten von Onkel Paul mit Eddy Paape. Käpt'n Furchtlos und Sturkopf Carlsen erzählen die wahre Geschichte eines Kapitäns, der sich weigert, sein Schiff zu verlassen ... ... das gerade absäuft? Unwahrscheinlich!	Aber das entsprach nicht meinen Vorlieben, eine mühsame Angelegenheit. Ich schreibe die Geschichte meines ehemaligen Regimentskollegen, General de Lattre de Tassigny ... Schwierig ... ein ganzes Leben auf vier Seiten!

1952 beschloss Georges Troisfontaines, den amerikanischen Markt anzugehen, was damals etwa einhundert Millionen Menschen entsprach.

Genug gelacht, Jungs! Jetzt machen wir ein Vermögen in den Vereinigten Staaten!

Wir steckten mitten im »amerikanischen Traum«, eine Zeit, da jeder den großen Erfolg in den USA anstrebte.

Wir gründen ein FERNSEHMAGAZIN!

Ich kam aus Amerika, ich träumte als Einziger nicht diesen Traum.

»TV Family«!

YES!

Troisfontaines stellte ein kleines Team zusammen, mit einem Expeditionsleiter – er – und einem Dolmetscher – ich.

Amerika, wir kommen!

Wenigstens sehe ich Kurtzman, Morris und Mama wieder ...!

Belgier und ein Franzose – ich –, der als Einziger Englisch sprach, wollten in New York eine Wochenzeitschrift machen!

Sag noch mal, René, wie sagt man »Wochenzeitschrift« auf Amerikanisch?

Der Verlag Dupuis und Georges Troisfontaines wollten ein Unternehmen in den Vereinigten Staaten aufbauen. »Fernsehen ist die Zukunft!«	Die World Press residierte in der 26. Etage; praktisch, um New York zu beherrschen ... »In Amerika ist Fernsehen einfach TOP!«	... weniger, um sich aus dem Fenster zu stürzen; bei dem langen Fall stirbt man vor Langeweile! »Sensationell!«
Unserem direkten Konkurrenten, ein amerikanisches Magazin, machte unsere Gegenwart große Sorgen. »Die machen wir platt!«	Leicht gesagt, die verkauften ja nur 500.000 Exemplare ... »Unser Heft ist teurer, schwarz-weiß und hat kaum Illustrationen ...« »Erst der Anfang!«	... während wir mühsam 1000 Stück schafften, und das auch nur von den Sonderausgaben! »René, du sprichst englisch, du gehst nach Connecticut und überwachst den Druck von ›TV Family‹!«

Ich trug den Titel eines »Art Director« unseres Magazins.

Eigentlich machte ich dabei so ziemlich alles ...

Ich war Dolmetscher, Redaktionssekretär und Zeichner in einem.

Das Ganze hielt vierzehn Ausgaben an, also vierzehn Wochen.

Aber mit den Vorbereitungen ging es beinahe ein Jahr ...

... während dem ich drei Stunden die Nacht schlief, schlecht noch dazu!

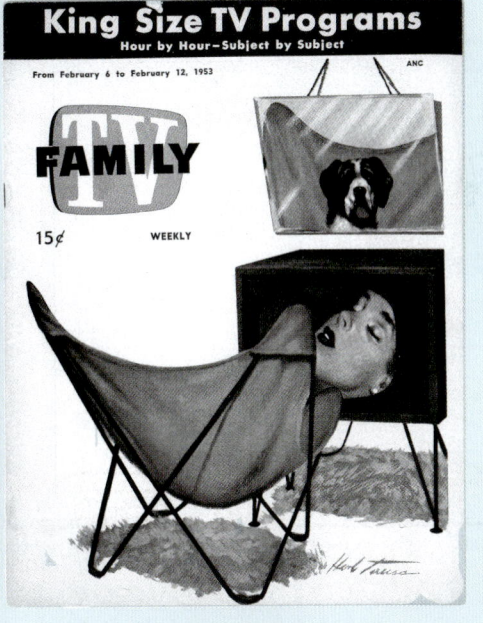

René Goscinny, Art Director *TV Family*, *King Size TV Programs* New York Dupuis World Press – 1953

Es war eine epische Erfahrung.

Ein Massaker!

Der Verlag Dupuis hatte etwas Entscheidendes übersehen: Amerika hatte nicht auf uns gewartet.

Troisfontaines hat's endlich kapiert ... Kosten der Unternehmung: 120.000 DOLLAR!

Auf zu neuen Ufern, René!

Ich kann dich zu »MAD« bringen!

Mein Schatz, mach's doch wie Morris: heim nach Europa und HEIRATEN!

Ich hatte die traurige Pflicht, unsere Truppe zu versammeln.

Wir werden das Desaster beenden.

Sorry!

Eine Zeitschrift, die stirbt, das ist wie ein Dampfer, den man aufgibt.

Denn eine Zeitschrift ist etwas Lebendiges, und plötzlich steht man da allein, es bleibt nichts als Leere und Stille.

ANNE

10
MUTTER UND TOCHTER

Mit »TV Family« erlebt Vater einmal mehr ein schmerzliches Scheitern in den Vereinigten Staaten.

Mmm ... schwierig für ihn ... Wo wohnt er denn in dieser Zeit?

Bei seiner Mutter! Sie sorgt sich um ihren Sohn, der beruflich in katastrophaler Lage und immer noch Junggeselle ist.

Ganz anders als sein Freund Morris, der Erfolg hat und heiratet!

Ja ... Übrigens sollte Vater sein Trauzeuge sein ...

Ach ja, sie sind ja beide 1952 in New York!

Aber dann lehnt der Priester Vater ab, weil er Jude ist.

Nein!

Zum Glück ist damals aber nicht alles düster.
René trifft seine amerikanischen Freunde wieder?
Ja! Kurtzman ist dabei, »MAD« zu gründen, und mein Vater trifft seine Comic-Gang wieder.
Elder, Davis, Severin, Wood …
MAD
Zusammen machen sie sich den Spaß, die Klischees aus Fernsehen, Film und Literatur zu parodieren!
Dieser satirische Geist ihres Magazins wird die Comics in den USA revolutionieren!

»MAD« wird ein Grundstein im Leben meines Vaters.

Hat René nicht versucht, eigene Comics unterzubringen?

Doch, mit Kurtzmans Hilfe beim Text versuchte er, »Umpah-Pah« verlegen zu lassen ...

Hi! Hi!

Aber in den Staaten nimmt niemand eine humoristische Serie von zwei Frenchies über Indianer ernst!

Denk ich mir!

HA! HA!

Und dann muss Vater auf Anweisung von Georges Troisfontaines zurück nach Europa und die Arbeit für World Press wieder aufnehmen.

Arme Anna! Ihr Sohn verlässt sie erneut!

"Schwer für meine Großmutter, aber auch für ihren Sohn, der wie verrückt arbeitet, allein in einem Zimmer in der Avenue de Versailles wohnt und seine Freunde wiedertrifft, die Lebenspartner gefunden haben ..."

"... und das Leben als Paar angehen!"

"Sucht René die Frau fürs Leben?"

"Dafür bleibt keine Zeit!"

"Und 1953 ist die Frau in seinem Leben SEINE MUTTER!"

"Zum Glück hindert ihn das nicht daran, Spaß zu haben ..."

"Mit Troisfontaines geht er regelmäßig Martini on the rocks im Crazy Horse trinken!"

"Ebenfalls zu dieser Zeit aber arbeiten Dupuis und World Press an einer neuen Version des Magazins »Le Moustique«."

"Und für »Le Moustique« der neuen Generation hat Vater einen dringenden Auftrag über sechsunddreißig Geschichten ..."

— Er hat da ein festes Soll pro Woche!

— WOW! Und schreibt dabei noch weiter Comicszenarios für seine verschiedenen Partner?

— Ja.

— Natürlich! Er tippt Hunderte Seiten auf seiner treuen »Royale«.

— Und signiert die meisten seiner Texte mit verschiedenen Pseudonymen wie René Maldec oder René Macaire ...

— Was ihn nicht sonderlich aufwertet!

— Troisfontaines fordert alles Mögliche von ihm, etwa Geschichten auf Grundlage eines Packens in New York gekaufter Zeichnungen.

— Erst das Bild, dann der Text? Das ist doch verkehrte Welt!

"Eines Tages bat man mich, nicht humoristische Geschichten zu machen, das habe ich nicht hingekriegt!"

"1954, mein Vater ist völlig überlastet, hat Troisfontaines eine glänzende Idee: Er schickt ihn zurück nach New York!"

"WAS?!"

"Diesmal muss Vater die Arbeit eines Presseagenturkorrespondenten machen."

"Ach ja?"

"Er muss redaktionelles Material finden, es übersetzen, formatieren und an die World Press schicken, die es an die verschiedenen Zeitungen der DUPUIS-Gruppe verteilt."

"Das hat er akzeptiert?"

"Natürlich, weil er in großartigen Räumlichkeiten auf der 5th Avenue untergebracht wird und ... SEINE MUTTER wiedersieht!"

"Außerdem kann er sie als Sekretärin einstellen, für fünf Dollar pro getipptem Artikel, was in jener Zeit sehr gut bezahlt ist!"

Unsere Fabrik ist unsere Schreib-maschine.
Oh ja, mein Schatz!
HA! HA! Endlich erlebt Anna ihn erfolgreich!
Ja … aber das geht nicht lange so.
Mein Vater hat keinen Bezug zu den Themen, über die er schreibt, etwa »Kommunisten in der amerikanischen Regierung« oder »Washington in Sorge über die Lage in Indochina«!
Er macht noch eine weitere Erfahrung: Herausgeber zweier kleiner Taschenbücher bei Lion Library Editions zu sein, gedacht und verkauft als Anthologien französischen Humors.
Was macht den französischen Comic aus? Er ist anzüglich und pikant …
… stets frisch und leicht bekömmlich!

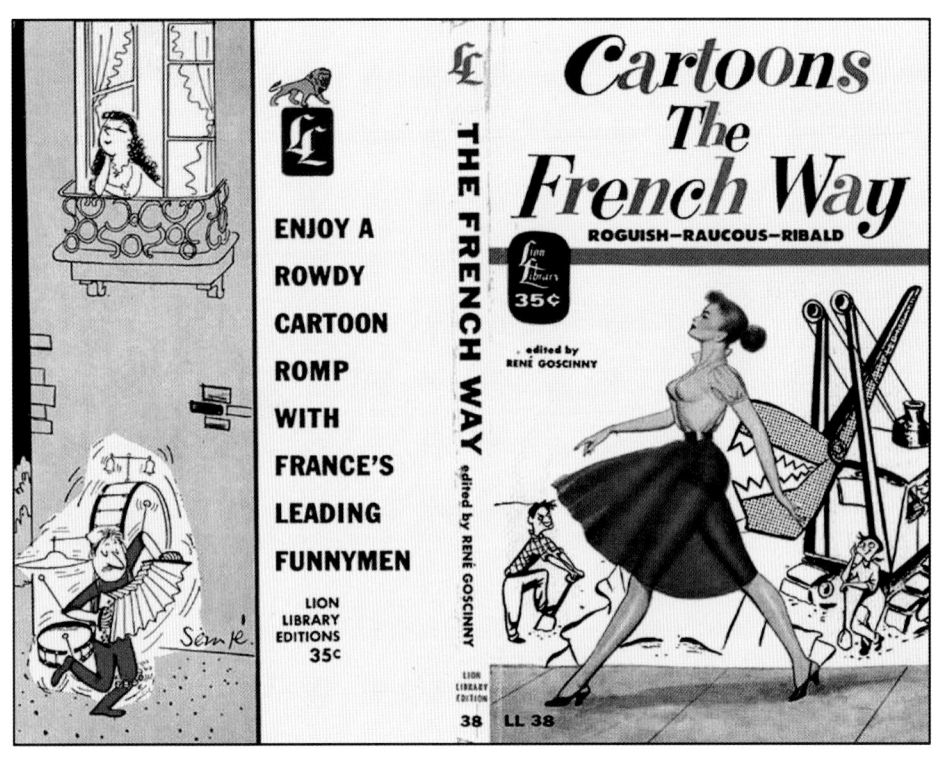

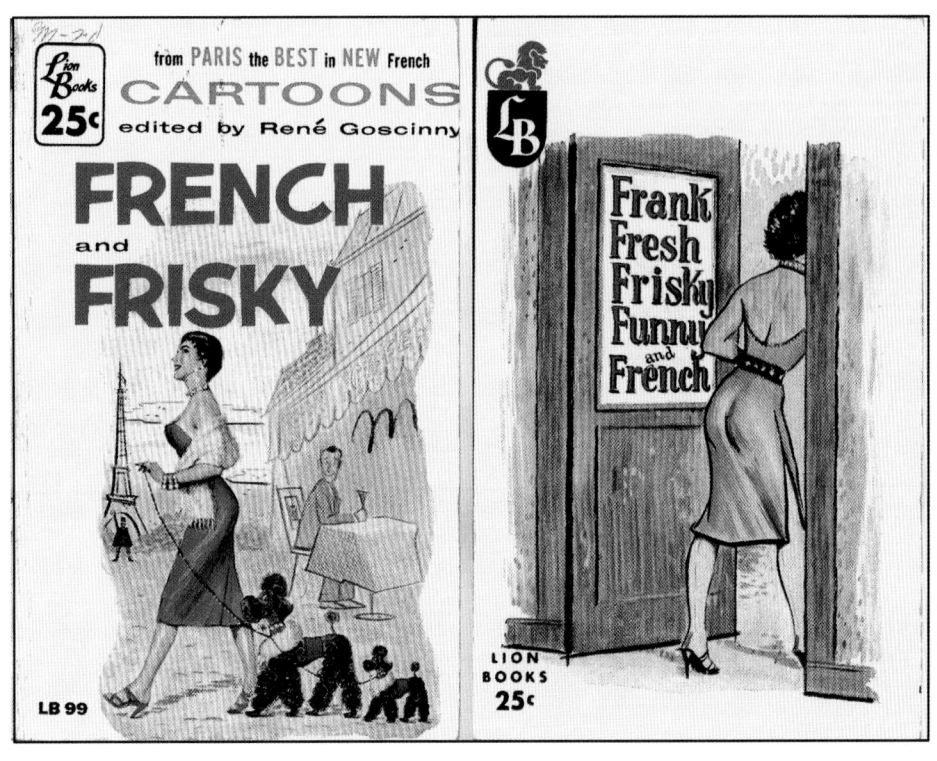

Herausgeber René Goscinny: Taschenbuchanthologien französischer Cartoons mit Zeichnungen von Sempé und Fred – »Cartoons The French Way« – Lion Library Editions, Madison Avenue – 1955 und 1956

"Und das geht?" "Nein."

"Vater will nichts mehr wissen von Amerika ..."

"Er verlässt es endgültig ..."

"... Richtung Europa ..."

"... mit SEINER MUTTER im Gepäck!"

"Anna zieht um?!"

"Ja, sie feiert ihren 65sten in Paris mit ihrem Sohn."

"Und Annas anderer Sohn, was ist mit dem?"

"Claude? Hat seinen Abschluss als Ingenieur in Buenos Aires gemacht, wo er auch arbeitet, doch mit der politischen Lage in Südamerika geht es bergab."

"Er fasst auch eine Rückkehr nach Europa ins Auge."

Frankreich steckt im Wirtschaftsboom der Nachkriegszeit und Vater bezieht mit meiner Großmutter eine kleine Wohnung in Paris.
Aber René ist beinahe 30, und er lebt noch bei seiner Mutter?!
hi! hi!
Ja!
Und sie sind auch sehr glücklich!
Vater stellt seine Schreibmaschine auf dem Esstisch auf ein Kissen …
Und Großmutter liest und strickt in einem Sessel daneben …
Sie ist sehr diskret, aufmerksam und wacht über ihren Sohn, der unablässig arbeitet …
Dein Text ist wunderbar, mein Lieber … Nur das Ende habe ich nicht recht verstanden.

"Um ihm zu helfen, liest sie alles, was er schreibt, und sagt auch immer ihre Meinung."

"Wenn sie etwas Negatives sagt, kann es sein, dass er den Text zerreißt und alles neu schreibt."

"Ist sie begeistert, wirft er ihr Parteilichkeit vor!"

"Sie haben eine symbiotische und innige Beziehung."

Waff! Waff!

"Komm, Al Capone! Lass die Hühner in Ruhe."

"Ein seltsames Paar!"

"Da könnte Claude eifersüchtig werden, der seinen kleinen Bruder »Doofkopp« genannt hat!"

"Und vor allem scheint es unwahrscheinlich, dass eine andere Frau in das Leben deines Vaters treten könnte!"

"Ah! Das ist eine andere Geschichte ..."

WUFF!

RENÉ

11
BERUF: SZENARIST

Zurück in Frankreich nahm ich meine Arbeit für World Press an den Champs Elysées wieder auf, im Kreise neuer Kollegen ...

René, das sind Martial, ein Zeichner, und Jean Hébrard, der sich um die Werbung kümmert.

Und dein Freund Jean-Michel ist dazugestoßen; offenkundig inspiriert Paris ihn mehr als Brüssel, du wirst noch verstehen, weshalb ...

Hello, Jungs! Hier wird ja tüchtig gearbeitet!

Und alles ging weiter seinen Gang.

Christine Charlier.

Ada Uderzo.

Sehr erfreut, die Damen! Bravo, Freunde, habt euch ja rangehalten!

In den 50er-Jahren habe ich malocht wie verrückt.

Ich brauche den nächsten Gag für Sylvie und die Fortsetzung von Luc Junior, René!

OK, Georges.

Machst du auch das Szenario für Jehan Pistolet fertig?

Ja, Yvan!

Hast du gesehen? Du als Matrose, von Albert!

Bei der Arbeit war ich sehr gut organisiert …
Es reicht, René, gehen wir was trinken!
Zuerst den Aperitif im »Jour et Nuit«?
Ich mach das noch fertig und komme nach.
… im Leben vielleicht etwas weniger.
Und dann ein Ausflug nach Deauville, Jungs?
OK, Georges! Bin dabei!
Ich schrieb vor allem nachts, anders ging es nicht.
Ein Wochenende in Knokke-le-Zoute! Kommst du mit?
Ich bin zu Hause, den Rückstand aufholen!
Meine Arbeitstage fielen auch auf die Wochenenden.
Auf einen Sprung ans Meer, nach Belgien, was meinst du, Mama?
Sehr gern, mein Lieber! Aber du nimmst die Schreibmaschine mit?
Ich schrieb Szenarios für jede Menge Zeichner.
Du musst mal ausruhen, mein Schatz.
Keine Zeit! Was hältst du denn hiervon?
Ich wurde ein Erfolgsgarant in dem Gewerbe, stand aber am Rand der Depression.
Das ist gut, aber …
WAS »ABER«? Also schlecht!
Nicht doch …
ALSO NOCH MAL!

Manchmal dachte ich, die mussten verrückt sein, mich für das zu bezahlen, was ich tat; dann wieder fand ich, eigentlich reicht kein Gold der Welt, um einen Unglückseligen zu solcher Arbeit zu bewegen.

HA! HA!

Ausgezeichnet, dein neuester Gag!

Gehen wir was trinken am Strand?

Später, Georges ... Ich muss das Szenario für Martial fertig machen.

Man sagt ja oft, Humoristen seien traurige Menschen; eigentlich sind sie eher angstvoll.

Ständig brauchen sie neue Ideen, sie leben in der Furcht, dass ihnen nichts mehr einfällt!

Den Profi unterscheidet vom Amateur, dass es bei ihm keiner Hochzeiten oder Festlichkeiten bedarf, um witzig sein zu wollen.

Sehr lustig, René! Aber heiratete der Held nicht am Schluss seine Liebste?

Das wäre ein Unglück für uns, wenn unsere Figuren heirateten, weil wir uns dann neue ausdenken müssten!

Gehen wir was trinken am Strand?

1954 fragte Morris mich eines Tages, ob ich interessiert wäre, mich an ein Szenario für LUCKY LUKE zu wagen ...

Mein Held unter deiner Feder?

YES!

Wir hatten oft darüber gesprochen, es war eine Sache, die mir gut gefiel, und ich hatte viel über den Far West gelesen.

80 Jahre lang war dieser Teil der Vereinigten Staaten das Stelldichein sämtlicher Verrückten dieser Welt!

HA! HA! Das stimmt!

Szenaristenarbeit interessierte Morris nicht, er machte das einfach von einem Tag auf den anderen.

Seit ich mit Francine in Brüssel lebe, tue ich mich schwer.

Keine Sorge: Wenn wir in der Geschichte stöbern, findet sich genug!

Obwohl er ausgezeichnete Ideen hatte, wurde ihm das oft zum Verhängnis.

Weißt du, Morris, es braucht eine große Linie und ... Humor! DEN TITEL für mein Szenario habe ich schon: »Die Eisenbahn durch die Prärie«.

Hi! Hi! Sehr gut, René!

Wenn ich ein Szenario schreibe, weiß ich von vornherein, wo ich hinwill, so kann ich die Geschichte gliedern und Leerlauf vermeiden.	Ich schreibe eine lange, genaue Zusammenfassung der Geschichte, und wenn alles passt, kommt die Seitenaufteilung.
Verstehst du, so komme ich nicht an den Schluss, ohne etwas erklärt zu haben ... und muss nicht auf der letzten Seite alle durcheinanderreden lassen, um die Dinge klarzustellen! / Schon klar.	Bin so weit, Morris, ich habe ein paar Seiten geschrieben! / Schon? Schick sie mir per Post nach Brüssel! / Bin dabei.
Den Western-Virus hatte ich schon, bevor ich in die Staaten kam, aber dort habe ich die amerikanische Folklore erst richtig kennengelernt.	Mein Lieblingsregisseur ist John Ford, der mit den höchsten Höhenflügen und der detailreichste.
Alles gut angekommen, großartig! Gut dokumentiert und sehr lustig. Ich sehe genau, wie das zu zeichnen ist!	Ich seh auch schon, was du alles machen wirst!

Lucky Luke ist ein Held, der sich immer um den Ärger anderer kümmert, ohne sich um sich selbst zu sorgen.	Er sollte eher eine Figur aus den Western als der arme Kuhjunge aus dem Westen sein.
Er braucht einen Gefährten: ein Pferd ... das alles kann, auch sprechen. — HINTERHER! JA! JA!	Lucky Luke kann schneller schießen als sein Schatten.
Und schon hatten wir unseren einsamen Cowboy, der durch unsere Bücher reitet und singt: »I'm a poor lonesome cowboy!« — Schaffst du's, Kansas City aus dem Kopf zu zeichnen? — Na klar! Oder auch Tucson nach dem Sezessionskrieg!	Morris' Wissen über Western ist außergewöhnlich, er kann absolut alles zeichnen. — Die erste Seite von »Die Eisenbahn durch die Prärie« erscheint in »Spirou« Nr. 206! — Kommst du nach Brüssel, um das zu feiern? — YES! Der Beginn eines großen gemeinsamen Abenteuers!

Die Offiziellen treffen ein. Die Gleise, die die Verbindung herstellen, werden verlegt. Erster Zwischenfall ist ein kleiner Fehler beim Verlegen, wodurch die Enden nicht richtig zusammentreffen. Nach mehreren Anläufen bekommt man schließlich alles hin. Dann ist der goldene Nagel unauffindbar, mit dem das Verbindungsstück fixiert werden soll, doch als das endlich in einer grandiosen Zeremonie geschieht, steht die Verbindung. Der Präsident schlägt den Nagel ein, nicht ohne den Hammer zuerst auf den Fuß eines der Aktionäre krachen zu lassen. Doch es ist vollbracht: Die Transkontinentale ist Wirklichkeit! Und Lucky Luke ist ihr Held. Der Präsident küsst unseren Helden, zur großen Freude von Jolly Jumper, der das lustig findet.

PENG! Ein Schuss, und in Großaufnahme
die gelochte Münze, die von einer Kugel
zweigeteilt wird.

Wir hatten keine Vorgaben außer hinsichtlich Brutalität: Man hatte uns gebeten, es mit der Gewalt nicht zu übertreiben.

Und das im Western, die Höhe!

Ausbruch von Banditen, Bankraub, Postkutschenüberfälle ... ohne wen zu töten!

Und das wurde ein großer Spaß für uns, wie ein Spiel: »Lucky Luke« zu machen, ohne dass es je einen Schussverletzten gab!

Wir machen Totengräbergeschichten!

Und der Böse stirbt nie und bleibt immer dumm!

Ich liebe Trottel.

HA! HA!

Morris und ich verstehen uns ausgezeichnet, wir wissen im Voraus, was der andere will ... was womöglich den Erfolg der neuen »Lucky Luke«-Abenteuer in »Spirou« erklärt.

Hör zu, was Morris mir schreibt, Mama ...

Das ist wunderbar, mein Schatz!

»Mein lieber René, ich möchte dir vorschlagen, unverzüglich die nächste Geschichte vorzubereiten. Suche dir ein Thema nach Belieben, so ist es am besten, denn ich denke, du gehörst zu jenen, die umso besser arbeiten, je mehr Freiheiten sie genießen.«

Ich begriff, dass man niemals unter Zwängen arbeiten sollte.

Damit sabotierst du mein Szenario!

Mit Jijé habe ich für 20 »Jerry Spring«-Seiten zusammengearbeitet.

In »Das Gold des alten Lender« beruht alles auf der Hochstapelei der Figur ... Wenn du sein Aussehen sofort zeigst, weiß man gleich, das er der Schurke ist!

Mmm ...

Ein Comicszenario hat viel mit einem Filmdrehbuch zu tun; nur dass statt einer Technikcrew und Schauspielern wir alles zu zweit machen; wir besprechen das, und doch sollte man sich von vornherein einig sein!

Meine Version ziehe ich vor.

Und meine Frau auch.

Klar, hast ihr ja auch vier Kinder gemacht!

Im November 1955 startet der Verlag Dupuis ein neues Projekt: »Risque-Tout, das schneidige, begeisternde Magazin«.	Troisfontaines ist mit World Press mit im Boot, er besetzt Umschlagseite 4 mit zwei Serien.
Diesmal mache ich eine eigene Serie, Szenario und Zeichnungen, dann hab ich nur mit mir selbst zu streiten! HA! HA! Recht hast du!	»TOM UND NELLY«, realistische Abenteuerserie von Uderzo und Joly, im Wechsel mit »CAPITAINE BIBOBU« von Goscinny, OK? OK!
Sechs Monate lang, bis April 1956, erschien »Capitaine Bibobu« in »Risque-Tout«.	Nach 22 Seiten, die meinen letzten Versuch als Zeichner darstellten, wird das Heft eingestellt.
Du machst Geschichten von Schiffskapitänen wie die, die dich auf den Dampferfahrten deiner Kindheit fasziniert haben? OH!! Ja, aber der hier ist verträumter und spinnt mehr Seemannsgarn als die, die ich damals erlebte!	»SIE HATTEN MIR DOCH VERSPROCHEN, LOULOU KEINE GESCHICHTEN MEHR ZU ERZÄHLEN! – ABER DER JUNGE MUSS DOCH WISSEN, WAS BEIM ENTERN ZU TUN IST!«

DER KAPITÄN COQUELET (GOCKEL)

Kapitän Gockel ist ein Schiffskapitän im Ruhestand.
Er wohnt bei seinem Sohn, Gockel junior. Der ist
ein ernsthafter, gesetzter Mann, der nicht den unkon-
ventionellen Charakter seines Vaters geerbt hat.
Man könnte sagen, Kapitän Gockel ist keine gewöhnliche
Person. Sein Schlafzimmer ist wie eine Schiffskoje
ausgestattet, er schläft in einer Hängematte und isst
vorzugsweise Schiffszwieback. Seine Erinnerungen
speisen sich eher aus der Vorstellungskraft als aus der
Wirklichkeit. Keine Frage, dass solch eine Person,
wie sympathisch sie auch sein mag, einen Fluch für
einen Haushalt bedeuten kann.
Doch kann es ernst werden, wenn eine U....tung
zwischen .... und seinem Enkel Popaul
wird. Der Kapitän ist ....
den genauen Standort, wo ein sehr ....
vergraben ist.
Der Kapitän und Popaul werden entfüh...
kleine Jacht.
Der Kapitän, solchermaßen bedroht ....
die Banditen zur sagenhaften Schatzin...
Kommando .... überdrüssig, nach ma...
chen Wirrungen .... seltsame Fahrt...
Vor allem als der Kapitän .... sein
Insel erreicht.
Das Schiff strandet schließlich a...
Besatzung führt ein Leben von...
Herz, außer dem Kapitän und Po...
Natur, ist es ein Vergnügen
Unsere Freunde werfen eine F...
Rauchzeichen am Strand ....
beginnen, ihnen weiszumach...
Es ist die Polizei, die k...
übrigens nicht auf einer
Privatstrand, dessen Bes...
Camper.
Kapitän Gockel und Popa...
Obwohl sehr von....
könnte....

René Goscinny: Erster Entwurf und Skizzen von Capitaine Bibobu, von René zunächst Capitaine Coquelet (d.i. Kapitän Gockel) genannt, dann von Yvan Delporte umbenannt, Chefredakteur von »Risque Tout« und »Spirou«-Magazin – Wochenzeitschrift »Risque Tout« – 1955

René Goscinny: Seite aus »Capitaine Bibobu« – Wochenzeitschrift »Risque Tout« – 1956

Zu allen Zeiten war ich ein guter Beobachter; der Umgang mit Jean-Jacques Sempé aber schien mir Augen und Ohren zu schärfen ...

Meine Familie fragt ständig, worauf ich warte, um einen seriösen Beruf zu ergreifen!

Ich hatte als Kind zwei Leidenschaften: Fußball und Musik.

Beides blieb mir verwehrt, also habe ich zum Trost Sportler und Musiker gezeichnet.

Von ihm lernte ich, dass Tischgespräche uns ganz alltäglich erscheinen ...

Ich lebe in einem Dienstbotenzimmer im Batignolles-Viertel ... nicht gerade günstig!

Pariser Mieten sind teuer; wir haben eine kleine Wohnung im 16ten ...

»Wir«?!

... aber bei gebotener Distanz eine unerschöpfliche Quelle der Komik sind.

Ich lebe mit meiner Mutter zusammen!

Sempé kennenzulernen hat mir sehr viel bedeutet.

Ich brauche einen professionellen Comicszenaristen ...

ICH BIN DEIN MANN!

Seit 1954 machte Sempé humoristische Zeichnungen für »Le Moustique«, mit einer netten kleinen Figur.	Der Chefredakteur der Zeitung schlug ihm vor, diese für einen Comic zu verwenden. *Wie heißt die denn, deine Figur?*
Mir war danach, Geschichten um ein echtes, nettes Kind zu schreiben, keinen schrecklichen Lümmel; das schien mir origineller. *Wie gefällt dir denn »Nick«?* – *»Der kleine Nick«?*	Sempé und ich machten 28 Seiten »Der kleine Nick«, die in Belgien ein Riesenerfolg waren. *Jede Woche in »Le Moustique«! In Farbe, auf der hinteren Umschlagseite!*
Für Kinder zu arbeiten heißt, es gibt Grenzen, das ist nicht schlecht, denn es zwingt uns zu einer gewissen Strenge. *Panel 3: »Der Vater tritt auf das Spielzeug und legt einen grandiosen Salto hin!«*	Das zwingt uns eine gewisse Form des Humors auf, die oft schwierig ist, auch wenn man gelegentlich Tabus durchbrechen möchte. *Panel 4: »Er landet auf dem Rasen, Gesicht voraus, wie sich's gehört. Nick, der dazukommt, zeigt auf ihn und weint.«*

Es gab damals ein Selbstverständnis, das besagte, Szenaristen hatten quasi anonym zu bleiben.

Warum zeichnest du nicht mit deinem wirklichen Namen?

All diese Pseudonyme, das verschafft mir mehrere Identitäten!

»AGOSTINI« für den »kleinen Nick«, klingt doch gut, oder?

Das war von Vorteil für die Verleger, die hatten weniger Probleme mit unbekannten Autoren als mit Stars.

Hmm ... Goscinny wäre besser.

Ist wirklich ein Problem; ich hab versucht, meinen Namen zu behalten.

Du bist Zeichner, da ist das was anderes!

So sah ich meinen nicht als einen Beruf an, als etwas, mit dem man Geld verdienen konnte.

Weißt du, Jean-Michel, das ist eine Ungewissheit, die mich schon seit Langem bedrückt.

Das ist ein ernstes Problem für die Szenaristen!

| 1955 organisierten belgische und französische Autoren, die sich ja nie sahen, ein Treffen. | Wir wollten Probleme hinsichtlich der Verträge und Arbeitsbedingungen besprechen. |

„Für uns gibt es keinerlei rechtliche Absicherung!"

„Das Herrschaftsrecht der Verleger!"

Da es keine Alben von mir gab, betrafen vertragliche Probleme mich nicht sonderlich; ich ging hin, um Leute zu treffen.

„Wir müssen unser Gewerbe verteidigen!"

„Lieber Franquin, ich bewundere Ihre Arbeit!"

JA! JA! JA! JA!

Charlier — Uderzo — Paape — Rosy — Tibet — Morris — Greg — Graton
Hubinon — Jijé — Franquin — Will — MiTacq — Forton

Für die Autoren war es wichtig, dass alles, was das geistige Eigentum an ihrem Werk betraf, endlich auf den Tisch kam, man eine Übereinkunft erreichte und ein gemeinsames Vorgehen vereinbarte.

Man müsste eine Art Gewerkschaft für unseren Berufsstand gründen!

JA!

Dieses erste Treffen fand in Belgien statt, im Hinterzimmer eines Cafés.

Gemeinsam können wir Garantien erwirken.

Treffen wir uns wieder, heimlich.

Weitere Versammlungen folgten wie z. B. in Chivy-les-Étouvelles, zwischen Brüssel und Paris, wo Anfang 1956 die letzte stattfand.

Dies ist die SATZUNG zur Verteidigung unserer Rechte; seid ihr alle bereit, sie ZU UNTERZEICHNEN?

JA! JA!

Die oben hatten große Angst, dass diese Gespräche auf eine Gewerkschaft hinauslaufen. Sagt mir alles, was auf diesem Treffen passiert ist, wenn ihr euren Job hier behalten wollt!	Um ein Exempel zu statuieren, setzte Troisfontaines mich am nächsten Tag vor die Tür. Du bist der Anstifter! Ich?! RAUS HIER!
Ich dachte, alle Kollegen würden aus Solidarität die Arbeit einstellen. Wenn René geht, gehe ich auch!	Da waren Uderzo, Charlier, mehr nicht. Schon das war mir eine äußerst wertvolle Lehre! Also, ich kündige! Ist doch lachhaft, Jean-Michel, alle anderen bleiben!

Zum zweiten beschloss ich, nicht mehr von nur einem abhängig zu sein, Exklusivitäten bleiben zu lassen, und ich ging wieder auf Arbeitssuche.

Adieu, Georges, ich biete meine Dienste anderweitig an!

Charlier und Uderzo kommen damit durch, aber nicht du!

Als ich sagen hörte, den Beruf des Szenaristen könne jeder hergelaufene Trottel ausüben, wusste ich mich auf dem richtigen Weg.

Das Wichtigste ist im Grunde, FREI zu bleiben!

ANNE

12
DIE FREUNDE

1. Die Unterzeichneten der vorliegenden Übereinkunft erklären ihren Zusammenschluss zu einer UNABHÄNGIGEN GEWERKSCHAFT DER ZEICHNER UND SZENARISTEN:

2. Einvernehmlich übertragen sie dieser Gewerkschaft die Vertretung ihrer Interessen, in einem Rahmen und hinsichtlich jener Punkte, die von dieser Übereinkunft und von den Hauptversammlungen festgelegt werden.

HAUPTVERSAMMLUNGEN

3. Die Hauptversammlung setzt sich aus allen dieser Gewerkschaft angehörigen Szenaristen und Zeichnern zusammen. Alle Teilnehmer sind einander gleichgestellt.

4. Die Hauptversammlung tritt von Rechts wegen und verbindlich alle sechs Monate zusammen.
Sie tritt ebenfalls auf jeden von mindestens fünf Mitgliedern unterzeichneten Antrag zusammen oder im Dringlichkeitsfall, auf Einberufung durch ihre Delegierten.

5. Die Hauptversammlung ist mit zwei Dritteln der Mitglieder beschlussfähig, sei es durch persönliche Teilnahme oder durch eine einem anderen Mitglied erteilte Vollmacht.

6. Jedes Mitglied verfügt über eine Stimme. Ein bei Abstimmung verhindertes Mitglied kann durch schriftliche Vollmacht ein anderes Mitglied ermächtigen, an seiner statt die Stimme abzugeben.

Art. 2: handschriftliche drei Wörter
Art. 4: eines
Art. 5: zweigeteilt

Entwurf einer Charta der Autoren – Paris – 1956

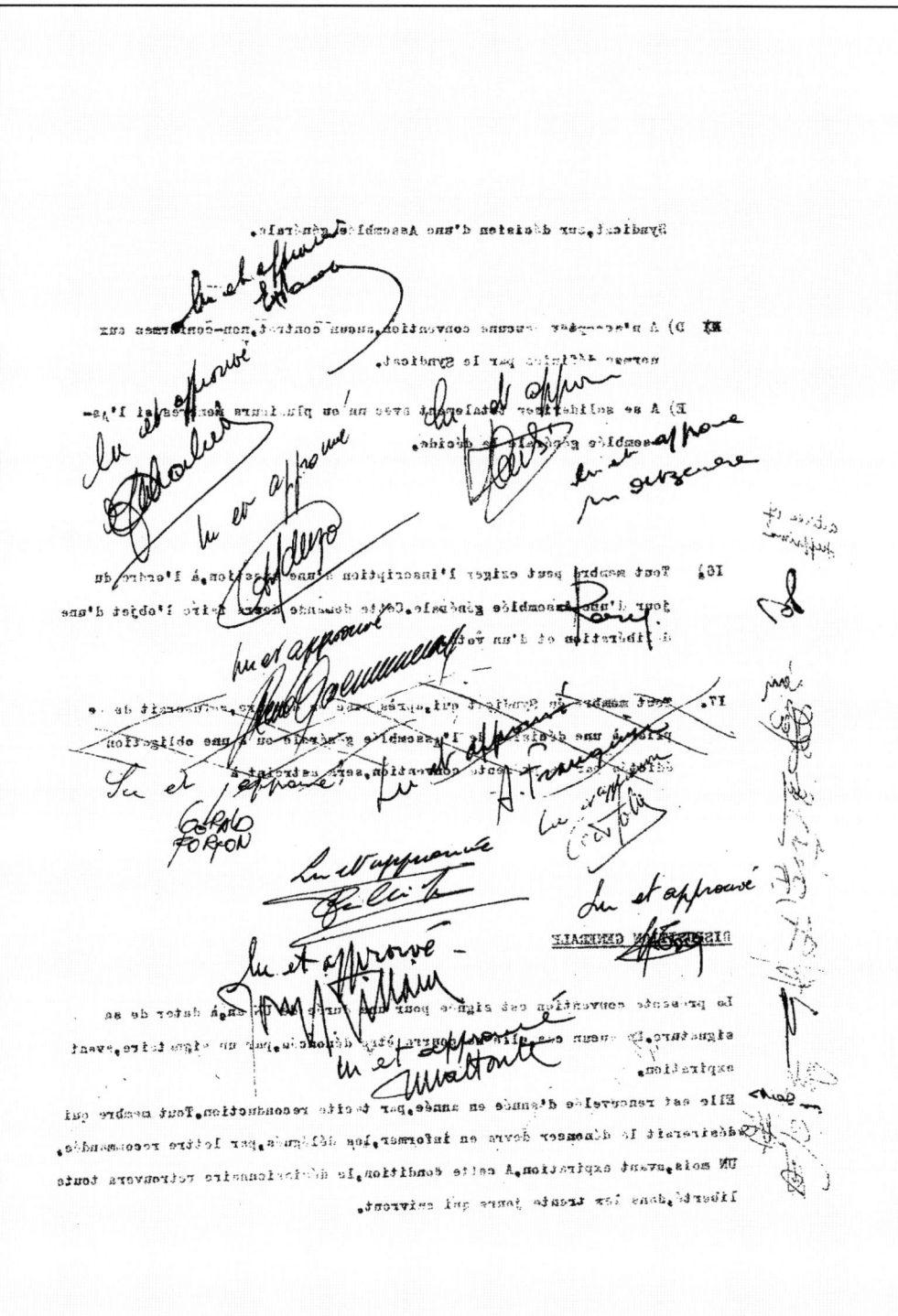

Entwurf einer Charta der Autoren/Unterschriften, Paris, 10. Januar 1956: Jean-Michel Charlier/Gérald Forton/André Franquin/Jean Gillain (Jijé)/Mitacq/Eddy Paape/Maurice Rosy/Albert Uderzo/Willy Maltaite (Will)/René Goscinny...

In den 50er-Jahren waren die Verleger wirklich die Könige, sie konnten einen Autor vor die Tür setzen, nur weil er krank war, ohne irgendwem Rechenschaft ablegen zu müssen!

Das brachte uns zu dem Versuch, eine Art von Gewerkschaft aufzuziehen: Wir einigten uns auf etwa zwanzig Vorschläge an die Verleger, um etwas Ordnung in das Berufsbild und die Arbeitsbedingungen zu bringen ...

Wir alle haben diese Charta unterzeichnet, und ich habe dieses Dokument immer aufbewahrt; es trägt die Unterschriften der Größten im Comic jener Tage. Dann verließen wir das Bistro in der Überzeugung, die Zukunft gehöre uns.

Das Resultat: Uderzo, Goscinny und ich blieben beinahe zwei Jahre lang auf der schwarzen Liste der Verleger, die versuchten, uns fertigzumachen.

Da wir nicht mehr in der Comicbranche arbeiten konnten, mussten wir alles Mögliche machen!!!

Ich war in der Akquisition, in Haustürgeschäften, ich zog den Rakel für Leute, die Siebdruck machten ...

Endlich! Mein Roman ist fertig!

WOW!

Darf ich ihn lesen?

Ja, du wirst die Erste ... nach meinem Verleger!

Versprochen!

Und du, kommst du gut voran?

Ich ersaufe ein bisschen in der Dokumentation, aber, äh ... ja!

Beim Lesen von Jean-Michel Charliers Bericht bin ich auf dieses seltsame Foto gestoßen ...

Ah! Das, das war 1956, nach dem Bruch mit der World Press ... Charlier hatte einen Posten in der Öffentlichkeitsarbeit des französischen Margarine-Verbandes ergattert.

Er organisierte den Besuch afrikanischer Könige in Paris ...

Und für die Statisterie hatte er seine Leidensgenossen angeheuert; Uderzo, Sempé und meinen Vater!

Na, so was!

Charlier — Uderzo — Sempé — Goscinny

"Solche Dinge mussten sie tun, um zu überleben?! Die Ärmsten!"

"Finanziell »arm«, mag sein ..."

"Aber reich an Freundschaft!"

"Ihr »großes Glück«, wie Charlier meinte, war es, in dieser dunklen Zeit ZUSAMMENGEBLIEBEN zu sein."

"Bestimmt! Da war doch auch ihr Freund, der Werbechef von World Press, der zu ihnen gestoßen ist, oder?"

"Das war ihr zweites großes Glück: Zu der Zeit erbt Jean Hébrard ein Lokal an der Place de la Bourse in Paris.

Mit diesem Kapital im Rücken, und sich des Potenzials seiner Freunde sicher, verlässt er Troisfontaines und schlägt Charlier, Uderzo und meinem Vater vor, ihre eigene Agentur aufzubauen."

"Ach ja? In welchem Verhältnis?"

Zu gleichen Teilen.
Donnerwetter! Fast wie bei d'Artagnan und den drei Musketieren! Alle für einen, einer für alle!
Einigkeit macht stark.
NICE
HOTEL BEAU-RIVAGE
Wissen Sie, auch in weit fortgeschrittenem Alter macht man sich doch noch Jugendfreunde!

RENÉ

13
DIE GRÜNDUNG

Unsere Agentur – zu viert gegründet mit Uderzo, Charlier, Hébrard und mir – war eine kleine Angelegenheit; aber man glaubt kaum, was so eine Kleinigkeit für Scherereien mit sich bringt!

Wieso will Hubinon denn jetzt mit Synonym signieren?

Wo sind die Rechnungsformulare?

Wo ist meine Keystone hin? Auf dem Tisch hier hat sie gestanden!

Der Kunde will einen Siebdruck ... Kümmerst du dich drum, Jean-Michel?

Panel 1:

Sie bestand aus zwei getrennten Firmen: Édifrance und Édipresse, die eine für Werbung, die andere für die Presse zuständig.

Wir werden, nur wir vier allein, ein wöchentliches Werbemagazin herausbringen.

OK Jean!

Panel 2:

Unser Kunde war der Chocolatier PUPIER, der das Magazin »Pistolin« herausgab.

Ada macht das Sekretariat ... und ich zeichne euch, was ihr wollt, ich illustriere euch auch das Telefonbuch.

Panel 3:

World Press hatte »PISTOLIN« gestartet, und wir hatten das dort betreut.

Das Prinzip ist simpel: Liebhaber der Pupier-Schokolade fanden in ihren Tafeln »Les Pistoles«-Gutscheine – dafür bekommen sie das Magazin »Pistolin«.

Panel 4:

Anlässlich der Trennung hatten wir uns mit Troisfontaines geeinigt, das Magazin weiterzuführen.

World Press hat uns »Belloy« und »Jehan Pistolet« verkauft, die können wir in »Pistolin« weiterführen ...

Astrein!

Ist doch ein guter Start.

Ans Werk!

Gleichzeitig schrieb ich auch jede Menge Szenarios für das Magazin »TINTIN«, wo Hergé künstlerischer Leiter und Fernez Chefredakteur war.
Ich möchte Ihnen einige humoristische Kurzgeschichten für verschiedene Zeichner anvertrauen, René.
Mit Vergnügen.
Ich erdachte Geschichten für Tibet, de Moor, Maréchal, Macherot, Attanasio, Berck ...
HA! HA! ho! ho! HA!
Ich arbeitete sozusagen mit fast allen zusammen ... Es war unglaublich!
Unser Szenarist für alle Fälle.
Freut mich, Herr HERGÉ!
»Goscinny«, das ist ausländisch, nicht wahr?
Es kam auch vor, dass manche Zeichner mich direkt kontaktierten so wie André Franquin, zum Beispiel ...
Hier geht es um eine neue Serie: »Mausi und Paul«.
Einseiter-Gags? Nicht meine Spezialität, ich arbeite ein Thema lieber aus ... Aber ich versuch's mal!

| Schließlich habe ich Anfragen abgelehnt, ein richtiggehender Ausleseprozess. | Ich arbeitete nicht mehr für Zeichner, deren Stil zu verschieden von dem war, was ich machte. |

Sehr lustig! Bravo!

Danke, sehr schmeichelhaft.

Ich liebe die Zeichnungen von Franquin!

Ich konnte mir nicht mehr vorstellen, jede Woche »Die schönen Geschichten von Onkel Paul« zu schreiben, ich wollte nur noch zum Lachen bringen.

Atombomben sind auf die Welt gefallen, nichts mehr übrig außer einem Kerl allein ganz oben in einem Haus.

Er sagt sich, so kann man doch nicht weiterleben ... Er stürzt sich aus dem Fenster, und als er am zweiten Stock vorbeikommt, klingelt das Telefon.

Tibet

Will

Greg

Als das Magazin »TINTIN« uns bat, unsere eigene Serie zu erschaffen, kam uns die Idee, eine wiederaufzunehmen, die wir besonders mochten.

Wir haben Umpah-Pah ins 18. Jahrhundert versetzt.

Aber diesmal lassen wir sie zur Zeit der Kolonisierung spielen.

Ich weiß von den Shawnees und ihren drolligen Bräuchen.

Geben wir unserem Helden einen lustigen Freund mit?

Da haben wir unseren Hubert von Täne!

Ich führte auch »Lucky Luke« mit Morris fort und erfand Rantanplan, den Anti-Rintintin, für »Spirou«.

Dann habe ich mit der Erfindung ihrer Cousins, den vier Rittern der Dämlichkeit, die Daltons wiederbelebt!

Dieser superschlaue Rintintin hat mich immer geärgert, dich auch?

Ja!

Unser Rantanplan wird zwar sehr sympathisch, aber wirklich ein Trottel.

Ja!

Ich mag Trottel wegen ihres ungemeinen humoristischen Potenzials.

Großartige Schwachköpfe!

Der dümmste Hund des Westens!

Nach der unglücklichen Erfahrung mit Troisfontaines war ich kein Verfechter verlegerischer Exklusivität.

Weißt du, Tibet, wenn dir ein Verleger sagt: »Wir sind eine große Familie«, sieh dich vor, du wirst nur reingelegt!

Als ich von World Press gefeuert worden war, hatten Sempé und ich den »Kleiner Nick«-Comic aufgehört.

Wir finden einen Weg, mit unserem Kleinen weiterzumachen, René.

Glaubst du wirklich, Jean-Jacques?

Sempé kam aus Bordeaux und arbeitete für »SUD-OUEST DIMANCHE«, und die Zeitung bat uns um eine Ostergeschichte ...

Danke für dein Angebot, Henri.

Wir werden ernsthaft drüber nachdenken, Herr Amouroux!

Das Thema reizte uns nicht besonders, und nach kurzem Nachdenken schlug ich Sempé vor, den kleinen Nick wiederaufzunehmen.

Aber nicht als Comic, als illustrierte Geschichte mit einer speziellen Kindersprache!

Die Abenteuer des kleinen Nick waren derart erfolgreich, dass man uns bat, damit weiterzumachen. Der kleine Nick ist ein gewöhnliches Kind, ein Leckermaul, er rauft gern, spielt gern Fußball und hat gern Spaß ... Er ist auch sehr nett. Und er hat einen Haufen klasse Freunde!	Jahrelang haben wir wöchentlich Geschichten um diesen kleinen Jungen veröffentlicht! Das ist wunderbar, mein Schatz! Aber warum schreibst du dieselben Texte immer mehrmals? Ich bin ein Tüftler, Mama, beim »Kleinen Nick« ist das zur Besessenheit geworden.
Gleichzeitig hatte auch das Abenteuer mit Édifrance seinen Belang, auch wenn es nicht von Dauer war. Mit »Pistolin« ist es vorbei, Jungs! OK, Jean!	Das Heft war nicht schlecht, in Farbe, wurde aber umgemodelt und zum Taschenbuch gemacht.

Aber Werbekampagnen sind etwas Kurzlebiges.

Der Kunde will das Heft lieber durch Geschirr ersetzen.

Ohne es zu ahnen, hatten wir mit »Pistolin« einen Probelauf absolviert ...

Wir sollten ein eigenes Magazin gründen!

Ende 1958 meldete sich Raymond Joly, der Chef des Pressedienstes von Radio Luxemburg.

Sie sind doch professionelle Presseleute, nicht wahr?

Allerdings!

Besagter Sender plante den Versuch, ein Heft über den Äther zu lancieren ...

Der einzige Werbeträger für Ihr Magazin wäre unser Sender.

Zu jener Zeit war das Radio noch ein enorm starkes Medium.

Ich kenne die Verleger einer Tageszeitung in Montluçon.

Die Mittel zur Bewerbung unseres Magazins wurden uns nachgerade geschenkt!

Sie wären geneigt, Geld in dieses Projekt zu stecken!

So wurde »Pilote« ins Leben gerufen mit, als Kernmannschaft, Raymond Joly, François Clauteaux – für Programme und Spiele bei Radio Luxemburg verantwortlicher Werbemann, der eine Art »Paris Match« für Jugendliche im Sinn hatte –, Hébrard, Charlier, Uderzo und mir.

Auf »PILOTE«!

Wir zogen um und nahmen uns dann vor, einiges anders zu machen, als es bisher bei Publikationen für die Jugend üblich war.

Keine Lust mehr, immer nur an die ganz Kleinen zu denken!

Wir wollen ein Magazin, das Jugendliche anspricht!

Dafür greifen wir auf Journalisten der Erwachsenenpresse zurück.

Wir müssen Tabus brechen!

Das Magazin muss frei sein.

Viele der Journalisten von »Pilote« kamen von Radio Luxemburg.

Jean Charlier

Lucien Barnier

Schluss mit Spezialisten für die »Kleinen«!

Es mussten Serien gefunden, bestehende wiederbelebt, neue geschaffen werden.

Du machst »TANGUY« mit Charlier.

Ist gut.

In dieser Zeit war Uderzo der Zeichner für alles Mögliche im Haus. Ich nehme mit Jean-Michel auch »Belloy« wieder auf. Und wir, was machen wir zusammen, René?	Wir suchten nach einem gemeinsamen Projekt, und wir wurden fündig ... Ich liebe es, Tiere zu zeichnen. Sollen wir den »Fuchsroman« als Comic machen?
Sofort hat Uderzo einige Seiten gemacht, die uns geeignet schienen. Deine Zeichnungen sind großartig, Albert! Gut, die Geschichte modernisiert zu haben, René!	Doch wir erfuhren, dass jemand etwas ganz Ähnliches gemacht hatte. Jean Trubert war's. Pfff! Noch mal von vorn. Denken wir morgen bei mir drüber nach?

> Anfänglich hatten wir weder eine präzise Idee noch eine irgendwie geartete Vorstellung, Uderzo und ich ...

"Na los, Bébert, zähl mal die großen Zeiten der Geschichte Frankreichs auf ..."

"OK René: die Frühgeschichte ..."

"Pff, nein, weiter ..."

> Heute stellt man sich vor, wir wären nach Marktstudien vorgegangen!

"Die Gallier ..."

"Ah ja, wieso nicht ... Das hat Potenzial ..."

> Es gab keine Motivationsstudien, es schien uns schlicht eine gute Idee zu sein.

"Ganz einfach, die erste Stunde im französischen Geschichtsunterricht!"

"Ja, »Unsere Vorfahren, die Gallier«!"

"Sag ich als Italiener!"

"Das lernt man sogar in Argentinien!"

Dann haben wir die Idee von den Römern mit der von den Galliern verbunden.

Lass uns ein Dorf nehmen, wo ein paar halb verrückte Gallier ihren Erbfeinden widerstehen, den Römern.

Das könnte 50 v. Chr. spielen, vor der römischen Eroberung!

Wir fanden, es sei lustig, zwei gegensätzliche Gruppen zu haben.

Die Gallier sind weniger und nicht so stark, wir geben ihnen einen Druiden, der einen Zaubertrank bereitet!

Wir scherten uns weder um die politische Lage noch um die Befindlichkeit unserer Landsleute.

Die Geschichte sollte an der Küste spielen, da könnten unsere Figuren reisen ...

Die Bretagne!

Das Wenige, das wir von gallischen Zeiten wussten, haben wir sofort eingebaut!

VERCINGETORIX!

Es braucht einen Häuptling fürs Dorf ...

... und einen Barden!

Danach haben wir die Hauptfigur entwickelt, eine Art Puppe, die auf lustige Art und Weise durch die Geschehnisse spazieren sollte.

Einen Krieger!

Ja! Einen großen, starken Kelte!

Und wieso keinen kleinen, listigen Gallier?

Ich suchte einen Namen, der mit einem »A« begann, unbestreitbarer Vorteil bei der alphabetischen Ordnung zukünftiger Comic-Enzyklopädien.

ASTERIX!

Wir hatten riesigen Spaß beim Ausarbeiten des Projekts, unser »Asterix« wurde unter Freude und Lachen geboren, und das war ein gutes Vorzeichen ...

Die Gallier würden alle Namen tragen, die auf »ix« enden, in Anlehnung an Vercingetorix.

Und die Römer Namen auf »us«, wie Cäsar Gaius Julius!

Uderzo wollte Asterix zunächst gemäß dem traditionellen Kanon der Comics zeichnen, mit kräftiger Brust, körperlich wie mit Helium aufgeblasen, wie Belloy oder Umpah-Pah.

Ich seh den Helden als einen starken Kerl.

Ich seh ihn eher als Antihelden, einen Knirps.

Meine Idee widersprach der Alberts: Ich wollte einen schlauen Kleinen.

Anders als Umpah-Pah, bei dem es gerade mal zum Kopfstoß reicht.

Gut, da ist dein kleiner Asterix.

Dann bekommt der kluge, aber kümmerliche Held einen großen, starken Freund, in Ordnung?

Wir waren uns einig, dass die Figuren einer lustigen Geschichte selbst lustig sein müssen.

OK! Sehr dick und auch ein wenig dumm, so ist's lustiger.

Als Baby ist er in den Zaubertrank gefallen!

Er wird Hinkelsteinlieferant.

Asterix ist listig, sein Freund aber unbesiegbar!

Wie soll er heißen?

OBELIX!

Damals hatten die Verleger ein Prinzip: Der Leser muss sich mit dem Helden identifizieren können.

Welche Helden haben dich geprägt?

Laurel und Hardy, und dich?

Die Helden mussten schön sein, weil man sich lieber mit jemand gut Aussehendem identifiziert.

Auch die, diese Clowns haben uns so zum Lachen gebracht.

Sie sind lustig, anrührend und ... unzertrennlich.

Wie wir!

Die Helden brauchten einige ästhetische Qualitäten, doch moralische auch ...

Noch einen Pastis?

Sehr gern!

Also schufen wir Figuren, mit denen man sich nicht identifizieren kann!

Unsere Vorbilder sind Laurel und Hardy!

Als wir nun unsere Helden hatten, beschlossen wir, nicht mit krassen historischen Anachronismen zu spielen. Unsere Figuren werden nicht telefonieren. Und Fernsehen haben sie auch nicht!	**Wir verpflanzten lediglich die Probleme der heutigen französischen Gesellschaft in gallische Zeiten.** Das gallische Dorf legt sich mit dem römischen Reich an! Eine avantgardistische Geschichte. Zu Tisch!
Mit alldem wollten wir dem Leser einfach ein Spektakel bieten. Die Gallier bekämpfen den Feind mit ihrem Zaubertrank. Papa! René! Kommt ihr? Alle Mittel sind erlaubt!	**All diese kleinen überdrehten, prahlerischen, kauzigen Gallier sollten nur Spaß machen.** Das sollte doch Komik erzeugen ... Wissenschaftlich erwiesen. ES IST FERTIG! Sag Mama, wir kommen, Sylvie! Nur noch den Pastis austrinken.

Das fand im August 1959 statt, in der Wohnung der Familie Uderzo in Bobigny, ein paar Tage vor Redaktionsschluss der ersten Nummer von »Pilote«, die unwiderruflich am 29. Oktober zu erscheinen hatte ...

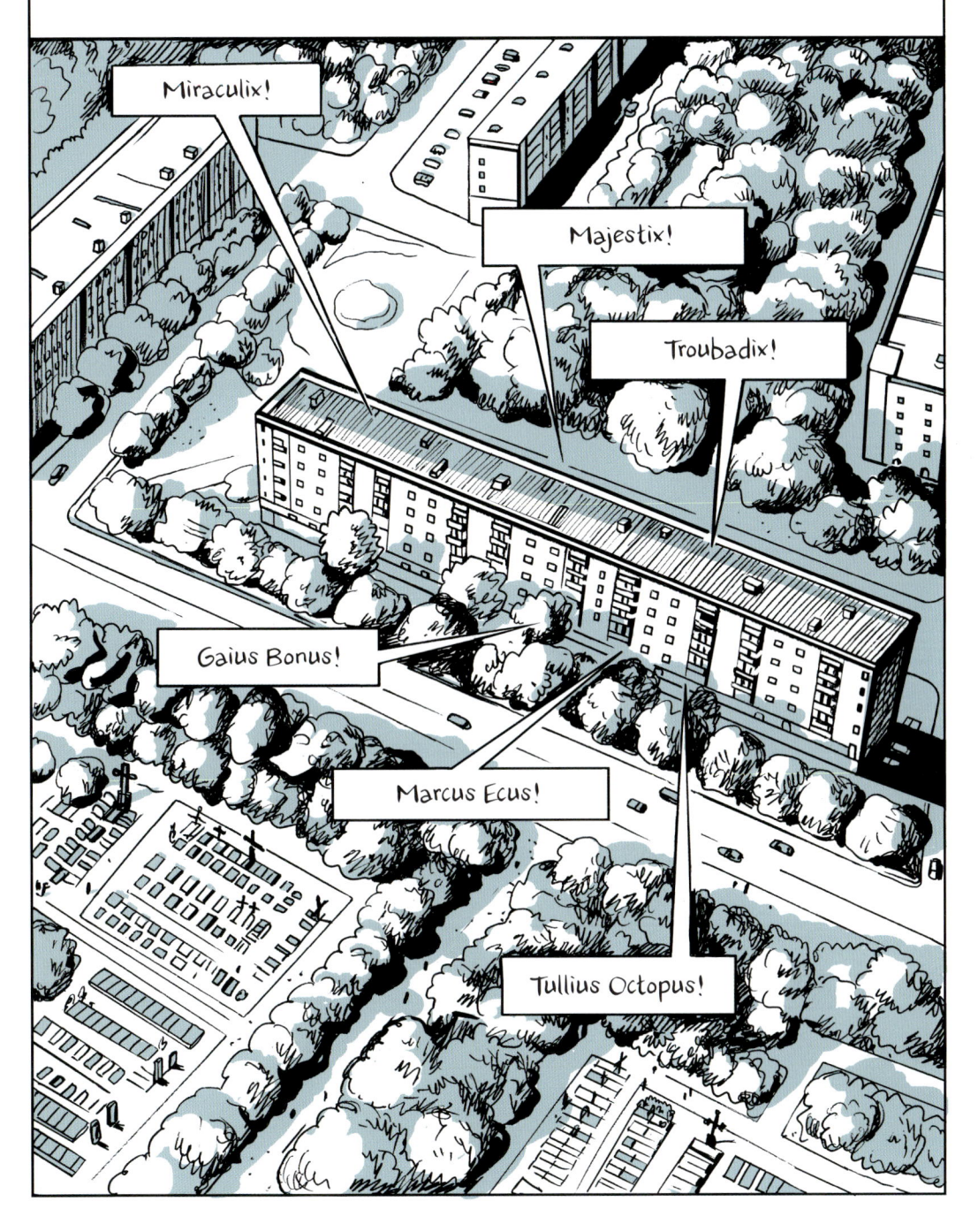

Miraculix!

Majestix!

Troubadix!

Gaius Bonus!

Marcus Ecus!

Tullius Octopus!

Personnages

Astérix   guerrier

Obélix   son ami, livreur de menhirs

Panoramix   druide
AssuranceTourix   barde

Abraracourcix ⎫ chef.   AVORANFIX
SouleTorix   ⎬ guerriers
CetautoMatix ⎭

Villes :
Aquarium
Babaorum
Laudanum
Petibonum
Rome

Caïus Bonus   — centurion
Marcus SAcapus
Tullius Octopus
Numa Gugus
Julius Pompilius   ⎫ légionnaires
Gracchus Sextilius ⎬
Claudius Quintilius ⎭
Tiberius Quadrilius
Caligula Minus

César (Jules)   empereur

Dieux :
TOUTATIS (MARS)

Belisama (Minerve)

~~Ap~~ Borvo (les sources)

Belenos (la lumière)(soleil)

gui de chêne détaché de l'arbre le sixième jour de la lune, avec une serpe d'or — (contre poison)

amphorisage

ASTERIX, DER GALLIER

Figuren

Gallier		Römer	
ASTERIX	Krieger	GAIUS BONUS	Zenturio
OBELIX	sein Freund, Hinkelsteinlieferant	MARCUS ECUS	Legionär
		TULLIUS OCTOPUS	"
MIRACULIX	Druide	NUMA GUGUS	"
MAJESTIX	Häuptling	JULIUS POMPILIUS	"
TROUBADIX	Barde	GRACCHUS TORSCHUS	"
SOULETROPIX	Krieger	CAROLUS STACHUS	"
AUTOMATIX	weiterer Krieger	TIBERIUS QUADRILIUS	"
		CALIGULA MINUS	"
		CÄSAR (JULIUS)	Kaiser

****

Einführungsseite. Wir sehen Asterix, der das Dorf verlässt und ohne größere Schwierigkeiten mehrere römische Soldaten verprügelt. Den Römern gelingt es nicht, diesen Teil Galliens zu besetzen. Sie haben darum drum herum befestigte Lager errichtet: Aquarium, Babaorum, Laudanum und Kleinbonum. Cäsar selbst wundert sich in Rom über diesen erbitterten Widerstand.

In Kleinbonum ist Gaius Bonus, der Zenturio, der die Legion in dieser Gegend befehligt, wütend angesichts der in erbärmlichem Zustand zurückgekehrten Legionäre. Er fragt sie, ob sie wenigstens von einem zahlenmäßig überlegenen Gegner angegriffen worden seien. Äußerst verlegen sagen sie, es wären nicht viele Feinde gewesen, nicht besonders zahlreiche, und schließlich geben sie zu, dass es nur einer war, und der auch nicht besonders groß. Gaius Bonus versteht das nicht, er sagt sich, es müsse ein Geheimnis geben, das diese Gallier unbesiegbar macht. Inzwischen kehrt Asterix ins Dorf zurück, mit einem Hasen auf der Schulter. Obelix fragt ihn, ob es etwas Besonderes gegeben habe, Asterix sagt Nein, korrigiert sich aber und sagt, er habe drei oder vier römische Legionäre verprügelt. „Ach so", sagt Obelix, den das nicht sonderlich zu wundern scheint. Asterix lädt den Freund ein, den Hasen mit ihm zu teilen, und Obelix sagt ihm, er komme bald, er ist Hinkelsteinlieferant und hat an diesem Tag noch zwei Stück auszuliefern.

Asterix und Obelix tun sich am Hasen gütlich. Obelix sagt zu Asterix, er glaube, die Römer würden sich wieder ärgern und versuchen, eine neue Offensive zu starten, aber Asterix ist unbesorgt: Solange Miraculix, der Druide, weiter seinen Zaubertrank braut, können die Römer nichts gegen sie ausrichten. Nach dem Essen beschließen die beiden Freunde, den Druiden aufzusuchen. Sie kommen zu einer Eiche, sie wissen, dass der Druide in der Krone ist und mit seiner goldenen Sichel Misteln schneidet. „Miraculix, o Druide!", ruft Asterix. Als Antwort ertönt ein Schrei, und der Druide erscheint, an seinem Finger lutschend, denn Asterix hat ihn erschreckt und er hat sich mit seiner Sichel geschnitten. Asterix sagt dem Druiden, es sei der Tag gekommen, um ...

ASTERIX, DER GALLIER

Seite 1

BILD 1 Römische Soldaten in Marschordnung. Man sieht nur ihre Beine, wie in den Dokumentarfilmen, die den Einmarsch der deutschen in Frankreich zeigen.

TEXT: „Im Jahr 50 v. Chr. wurden unsere Vorfahren, die Gallier, von den Römern besiegt, nach langem Kampf..."

BILD 2 Vercingetorix wirft mit stolzer Geste seine Waffen hin. Eine gewaltige Menge Waffen, die er Cäsar zu Füßen wirft, der erschrickt und mit einem Sprung ausweicht.

TEXT: „Häuptlinge wie Vercingetorix müssen ihre Waffen Cäsar zu Füßen legen..."
CÄSAR: „Aua!"

BILD 3 Zwei Germanen, von römischen Lanzen bedroht, von denen man nur die Spitzen sieht. Sie drehen sich zu den Römern um, die man nicht im Bild sieht.

TEXT: „Friede ist wieder eingekehrt, nur von einigen germanischen Angriffen gestört, die schnell zurückgeschlagen werden..." GERMANE: „Gut, gut, wir gehen ja schon!" DER ANDERE: „Aber aufgepasst! Wir kommen wieder!" //im Original mit deutschem Akzent//

BILD 4 Karte Galliens

TEXT: „Ganz Gallien ist besetzt..."

BILD 5 Eine Hand mit Lupe nähert sich der Karte.

TEXT: „Ganz...?"

BILD 6 Durch die Lupe sehen wir die Gegend, in der unsere Helden wohnen. Einige Hütten, Menhire und Hünengräber, umringt von verschanzten Römerlagern: Aquarium, Babaorum, Laudanum und Kleinbonum.

TEXT: „Nein! Denn ein Gebiet widersteht erfolgreich den Besatzern. Eine kleine Region, umgeben von befestigten römischen Lagern..."

BILD 7 In seinem Palast in Rom sitzt Cäsar in nobler Pose, das Kinn in die Hand gestützt, und studiert ratlos eine Karte.

TEXT: „Alle Bemühungen, diese stolzen Gallier zu besiegen, waren vergeblich, und Cäsar fragt sich..."
CÄSAR: „Quid?"

BILD 8 Asterix, seine Axt auf der Schulter, läuft pfeifend einher, er begegnet seinem Freund Obelix.

TEXT: „Hier machen wir Bekanntschaft mit unserem Helden, dem Krieger Asterix, der sich seinem Lieblingssport hingibt: der Jagd."

René Goscinny – Szenario der ersten Seite von »Asterix der Gallier«, erschienen in der Nr. 1 von »Pilote« vom 29. Oktober 1959. Übertragung aus dem französischen Original.

ANNE

14
DAS DUO

Beruflich gesehen hat mein Vater im Duo funktioniert.

Die Gemeinsamkeit und die Verschmelzung bei Schaffensprozessen finde ich faszinierend.

René ist beispielhaft in dieser Hinsicht, ob mit Sempé, Morris oder Uderzo.

Uderzo und ich sind im Leben wie in der Arbeit derart unzertrennlich, dass wir austauschbar sind!

Wenn von Asterix und seinen Schöpfern gesprochen wird und man uns fragt: »Welcher sind Sie denn?«, antworte ich schon einmal: »Ich bin der andere.«

Bei Lucky Luke nähern Morris und ich uns viel eher der Realität als einer Karikatur des Far West an ...

Ein Cowboy etwa, der die Wahl hat, sein Pferd oder ein Mädchen zu küssen, wird, ohne zu zögern, das Pferd wählen!

Zwar war ich niemals Cowboy oder Gallier, aber Kind bin ich gewesen und Sempé selbstverständlich auch.

Der »Kleine Nick«, geboren mehr aus dem Gefühl als aus den Erinnerungen der Kindheit, liegt mir besonders am Herzen.

Sein ganzes Leben lang hat Vater in Tandems gearbeitet.

Mit Tabary hat er »Isnogud« gemacht und den Film »Le Viager« mit seinem Freund Pierre Tchernia, auch das Drehbuch dazu ...

— Mit seinen »Waffenbrüdern« hat René als Paar gewirkt, aber wie stand's mit dem leiblichen?

— Claude?

— Ja ... Sind sie nach Jahren der Trennung wieder zusammengekommen?

— Harvard, das ist mein Traum gewesen.

— Mein Onkel kam 1956 nach Paris zurück.

— Frustriert, dass er nicht in den Staaten studieren konnte, wurde er eben Ingenieur in Buenos Aires.

— Als das Perón-Regime 1955 fiel, Argentinien in Rezession, Inflation und Terrorismus rutschte, war es Zeit für ihn, zu gehen.

— Bestimmt ein großes Wiedersehen!

— Nicht wirklich ...

— Sag mal, was für eine große Nase, René!

— Sag mal, du verlierst ja wirklich dein Haar, Claude!

— In Paris fängt Claude von vorn an, er arbeitet im Handel und macht sich mit dem Steuerwesen vertraut, aber er tut sich schwer ...

— Er beginnt, sich näher mit dem blühenden Geschäft des kleinen Bruders zu befassen!

— René, der Künstler, Claude, der Buchhalter!

— Schon als Kind half mein Onkel Vater bei Mathe.

— Meine Großmutter bittet Vater, Claude zu helfen, ihm Arbeit zu geben: vertauschte Rollen.

— Und beide kommen auf ihre Kosten!

Die Brüder finden schließlich ein Gleichgewicht und kommen sich auch näher; sie treffen sich regelmäßig und machen gemeinsam Urlaub.

Und Claude heiratet als Erster, Monique Daninos, eine junge Jüdin, zur großen Freude meiner Großmutter ...

Leider, zu ihrem großen Bedauern, bekommen sie keine Kinder.

1965 lernt Vater auf einer Nordseekreuzfahrt die reizende Gilberte Pollaro-Millo kennen, aus Nizza, 17 Jahre jünger als er.

Es ist Liebe auf den ersten Blick. Er würde alles tun, damit sie ihn beachtet!

"Kaninchen im Dialekt von Nizza

"Es ist die ganz große Liebe."

"Meine Frau und ich sind ein symbiotisches Paar."

"Nun, da sie weiß, was ich tue, liebt sie das alles, vorbehaltlos und ohne jede Objektivität."

"Und du, du bist die Frucht der LIEBE! Und das Ebenbild deiner Mutter!"

"Ach ja?"

"Die große Leidenschaft meines Lebens? Meine kleine Tochter Anne."

"Von mir hat sie diese Neigung geerbt: LACHEN MACHEN!"

"Was mir das Liebste ist? Zu Hause zu sein mit Frau und Tochter."

"Du musst eine großartige Kindheit gehabt haben ..."

"Ja."

"Noch dazu war ich die große Liebe meiner Großmutter väterlicherseits, die mich »ihren Schatz« nannte ..."

"KUCKUCK, MAMA!"

"... als Mädchen und EINZIGE Enkelin!"

Waff

AUFGEPASST!

"Da kommt meine Tochter!"

Wuff!

"SALOMÉ, meine kleine Nixe!"

"UND HOPP!"

PLATSCH!

"LINE, KOMMST DU?!"

"SCHON DA!!"

"Und da ist meine!"

PLATSCH!

"Unsere Mädchen sind wunderbar!"

"HA! HA!"

"Hast du bemerkt, dass Salomé ein Grübchen hat, wenn sie lächelt?"

"Ja."

"Wie ihr Großvater; René lässt sich nicht verleugnen!"

"Kommt aber auch total nach dir!"

"HIMMEL, DIE MÄNNER!"

"Na, die Damen, wie war das Wasser?"

"UND DAS SONNENBAD?"

"Mein José-Louis!"

"AYMAR! Wo ist denn SIMON?! Hast du ihn abgeholt?"

"HALLO, MA!"

"Aber ja, Liebes, da ist er!"

"Waff!"

SIMON! Mein Baby! Mein Schatz! Mein Sohn!
Du hast mir so gefehlt!
Gnade, Mama!
Das waren doch nur drei Wochen!
Ich glaube, du bist wieder gewachsen, mein Spatz!
Sag mal, du musst mal zum Friseur!
Bist du nicht müde?
Hast du Hunger?
Nein danke.
Magst du baden?
Später.
Erzählst du von der Reise?
Jetzt kommt Spanien-Kroatien.
Was?!
Ich sag nur Guten Tag und zisch ab!
Kam gerade rechtzeitig, um das Spiel im Fernsehen anzuschauen.
Da geht's ab!
Bis dann!
Waff
N.Y.
Mein Sohn, mein Kampf.

KOMMT iHR MiT UNS BALL SPiELEN?
WiE WÄR'S, EiN MATCH iM WASSER?
OK.
Na gut, Mädels, dann »geht's ab«!
Waff!
Mama ist doch verrückt!

MACHEN WiR ZWEIER-TEAMS?
DiE MÜTTER ZUSAMMEN, DiE KÖNNEN NiX!
Waff!

Weißt, du, Catel, es ist vielleicht genauso schwer, sich einen Vornamen zu machen wie einen Namen, wenn man in dem Geschäft ist …
Die Leser betrachten dich mit Argusaugen!
Goscinny könnte ein Vorteil sein, wenn ich lustige Sachen schriebe.
Aber nein, ich schreibe ja düstere Dinge.
An Humor fehlt's dir aber nicht!
In meinen Büchern dreht es sich um den Tod, um verkorkste Liebes-geschichten, gebro-chene Figuren …
Sehr lustig halt!

Mir ist, als wäre mein Vater überall und ich nirgends.
Meine Psychoanalyse hat da noch einiges zu leisten!
Jedenfalls hab ich dein Manuskript gelesen, die Geschichte ist umwerfend!
Danke, Catel. Schreiben ist mir lebenswichtig.
SOUS TES BAISERS Anne Goscinny
Und du zeichnest die ganze Zeit ... Darf ich dein Heft sehen?
Na klar, magst du mir etwas reinschreiben?
Oh! Meine Hunde!
Es freut mich, dass Vater unter deinem Stift der Held eines Comics wird.
Was für eine Mise en abyme!
Du bist aber auch eine Heldin dieses Comics, GOSCINNYS Tochter wurde zu ANNE.
Catel! Ich liebe dich... Anne

Anne ... Ich hätte da einen unseriösen Vorschlag für dich ...
Ah?
Möchtest du meine »Nana« sein ...
Und wir setzen zusammen ein Papierkind in die Welt?
Eine große Schwester für den kleinen Nick, ein Mädchen von heute ...
Du schreibst, ich zeichne!
Ein gutes Duo, oder?
Wir, zusammen?
Oh, das wär schön!
Aber das ist unmöglich.
Waff!
Als Mozarts Tochter stürzt man sich nicht auf die Oper ...
Beim Vergleich ist man immer der Verlierer.
ANNE!
CATEL!

Ah!
Du könntest deinen Humor einbringen!
Wie schade ...
Wirklich keine Chance?
Tut mir leid ...
Nein.
ZU TiiiHISCH!
Essen ist fertig!
Alle Freunde sind da!
WAFF!
Denk noch mal drüber nach ...

AUFS LEBEN!
AUF EUCH!
Eines gallischen Festmahls würdig!
Wo ist der Barde?
Nehmt doch Al Capone!
HA! HA!
HI! HI!
HA! HA!
WAFF!
WAFF!
WAFF!
WAFF!
Fesseln wir den Hund?
WAFF!

EPILOG

Es war an einem Montag, an meinem 18. Geburtstag, es war sehr warm; vor neun Jahren brach mein Vater beim Kardiologen zusammen und meine Mutter weinte und stürzte sich auf ihn, um seinen mit Elektroden bedeckten Körper zu umarmen ...

KEINE BEWEGUNG, HÖREN SIE?! Mein Vater hat Ihnen gesagt: »Ich habe Schmerzen im Arm und in der Brust...«

Und Sie sagten ihm: »Noch fünfzehn Sekunden, Herr Goscinny!«

Machen Sie keinen Unsinn, Mademoiselle Goscinny, schießen Sie nicht!

Wissen Sie, eigentlich sollten Sie mir dankbar sein.

In seinem Zustand wäre Ihr Vater wahrscheinlich noch am Abend gestorben ...

... am Steuer des Wagens, mit Ihrer Mutter und Ihnen.

Sie alle drei wären gestorben!

Die Angelegenheit hat mir sehr geschadet.

Die Ärztekammer hat mich für drei Jahre suspendiert!

Das ging durch alle Medien!

Rühren Sie sich nicht!

Ich denke, Sie haben es nicht verdient, dass ich Ihretwegen Ärger bekomme!

Was bin ich schuldig?

Ist das ein Scherz?

Nichts!

Im Übrigen hat Ihre Familie mir nie ein Honorar gezahlt.

Ich fühlte mich ganz leer, ich hatte so lange auf diesen Moment gewartet.

Diesen Kerl in Schrecken zu versetzen hatte mich neun Jahre durchhalten lassen.

Panel 1: Das war eine wohlüberlegte und auch sehr geheime Sache.

Panel 2: Ich war stolz, sie jetzt endlich mitteilen zu können.
MAMA!
wif!

Panel 3: Die rechte Tat zur rechten Zeit, meine Mutter war verblüfft.
Du hättest ihn sehen sollen! Seine Angst!

Panel 4: Mir war, als hätte ich das Unheilbare geheilt ...

Panel 5: Dabei konnte ich an Mutters Krankheit gar nichts tun.
Ist dir nicht gut?
Nur die Chemo ...

Panel 6: Ich war verzweifelt, ich wusste ja, wie es um sie stand ...
Es wird schon, Mama, du wirst gesund!
Papa hätte gewollt, dass du kämpfst!
Ich brauche dich doch.

Selbst im Leiden, auf dem Tiefpunkt, blieb Mutter wunderschön.

An diesem Abend feierten wir meinen 18. Geburtstag, unter uns, mit meiner Mutter und meiner Großmutter.

Mein Schatz, für nächsten Samstag habe ich dir ein Geburtstagsfest organisiert ...

Ich habe die Thermen des Royal-Monceau-Hotels gemietet.

Ich habe hundert Freunde eingeladen!

Man wird ja nicht jeden Tag 18!

Musik, Tanz, Schwimmen!

Wuff!

Es wurde ein sehr fröhliches Fest am diesem Samstag; ich würde bald Abitur machen und ich war in meinen Philosophielehrer verknallt, der nie etwas davon erfuhr ...

Dann habe ich meinen Kummer verborgen, hinter dem Umsorgen meiner Mutter und der Lektüre meines Vaters, der sich genügend Geschichten ausgedacht hat, um seine Stimme nie zum Verstummen zu bringen ...

Wenn ich sie lese, lache ich Tränen ...
Was kommt zuerst, die Tränen oder das Lachen?

— Es ist unglaublich, wie weit wir es gebracht haben: Du hast dich in die Fußstapfen deines Vaters gewagt ... und mit Erfolg!

— Unsere Lucrèce lebt ihr Leben: drei Bände in einem Jahr! Welch ein Weg! Welches Foto nehmen wir für die Presse?

— Das auf dem Sofa?

— Pff ... Da find ich mich zu dick.

— Wie findest du das im Flur?

— Hmm ... Ich bin zu klein neben dir.

— Und seh beklommen aus!

Wie Laurel und Hardy!
HA! HA!
Tülü Tülü Tülü...
Himmel, mein Mann! Der will was von mir.
Ja, mein Liebster?
Nein, nicht vergessen.
Ja.
Ich komme!
Valentinstag, Aymar hat in einem guten Restaurant reserviert.
Ein verliebtes Tête-à-Tête vor dem Urlaub mit den Kindern!
Wo fahrt ihr hin?
In die Berge!
Geruhsam wird das nicht ...
Ski fahren im Tiefschnee oder eine Glühweinkur?

Vor allem den Geburtstag meines Sohnes feiern.
Er hat seine Freunde eingeladen.
Hat mich schon vorgewarnt, dass es da »abgeht«!
Denk doch, Catel ... mein Küken, mein kleiner Junge ... bald ist er schon ein Mann!
Simon wird am Dienstag 18!

Für José-Louis Bocquet

Großer Dank an Anne Goscinny, der Heldin dieser Geschichte, die mir Seite um Seite dieses Buches ihr volles Vertrauen entgegengebracht und ihre wertvolle Freundschaft geschenkt hat.

Dank an

Ariel Beresniak, der mir den Zugang zu den Dokumenten seiner Familie gestattet hat.
Aymar du Chatenet für seine Unterstützung und seine Kenntnis des Werks von René Goscinny.
Das Institut Goscinny, das mir seine sämtlichen Archive geöffnet hat.

Die Cinématèque française: Frédéric Bonnaud
Das Mémorial de la Shoah: Marie-Edith Agostini, Didier Pasamonik
Das Musée d'Art et d'Histoire du Judaisme: Anne-Hélène Hoog
La Revue Dessinée: Amélie Mougey
Das Centre Belge de la Bande Dessinée: Mélanie Andrieu, Jean Auquier, J.-C. La Royere
Die Agglomération montargoise: Christophe Vilain, Hervé Mauplot
Die Alliance française de Buenos Aires: Oriane Tramuset, Albane Pedone,
Nathalie Lacoste-Yebra, Marie Concepciòn Sudato, Manaïgue Menthonnex
Die Alliance française de Rosario: Fabien und Noélia Gandolfi
Die Bibliothèque nationale d'Argentine: José Maria Gutiérrez
Das Institut français de Buenos Aires: Mateo Schapire

Meine Verleger: Olivier Nora, Christophe Bataille und ihr gesamtes Team bei Grasset für ihr Wohlwollen und ihre Effizienz.
Marie-Anne Didierjean, Nicolas Sécheret und Margot Sounack für ihren grafischen Beitrag.
François Samuelson, der die Verwirklichung dieses Projekts ermöglicht hat, sowie das gesamte Team von Intertalent.

Und an all die, die mich begleitet haben,
Claire Bouilhac, Thierry Briez, Isabelle Chaland-Beaumenay, Salomé du Chatenet, Simon du Chatenet, Blandine de Caunes, Elisabeth Devriendt, Blutch und Amélie Hincker-Canard, Patrick Gaumer, Philippe Ghielmetti, Patrick Kremer, die Familie Lacour-Bocquet, Frédérique Lambert, die Familie Muller-Boujassy, Magali und Alain Ohlmann-Blaise, Didier Pasamonik, Philippe Poirier, Gilles Ratier, Jack Reynal, Nathalie Rocher, Julie Scheibling, Line Scheibling, Christian Scheibling, Elodie Sécheret, Emmanuel Soulier, Dominique und Gioacchino Thiery-Campannela.

Und schließlich Dank an Jean-Jacques Sempé und Albert Uderzo, die ich so oft auf den Rändern meiner Schulhefte nachgezeichnet habe.

Biografie

Catel Muller (*1964) ist eine französische Comiczeichnerin und Illustratorin.

Auf deutsch liegen von ihr die Comicbiografien von *Kiki de Montparnasse* (Carlsen, 2011) und *Olympe de Gouges* (Splitter, 2013) vor, beide mit Autor José-Louis Bouqet. Im Jahr 2014 erhielt sie den Prix Artémisia, ein Preis der besondere Leistungen von Comickünstlerinnen auszeichnet.

Die Serien *Asterix* und *Lucky Luke* erscheinen bei der Egmont Comic Collection.

Die Bücher von *Der Kleine Nick* erscheinen bei Diogenes.